VIVER,
NÃO APENAS NOS FINS DE SEMANA

Dados Internacionais de Catalogação na Publicação (CIP)
(Câmara Brasileira do Livro, SP, Brasil)

Grün, Anselm

Viver, não apenas nos fins de semana : o trabalho como realização pessoal / Anselm Grün ; [tradução Nélio Schneider]. – Petrópolis, RJ : Vozes, 2019.

Título original: Leben – nicht nur am Wochenende : Wie Arbeit lebendig macht
Bibliografia.
ISBN 978-85-326-6168-5

1. Conduta de vida 2. Cristianismo 3. Espiritualidade 4. Trabalho I. Título.

19-27814 CDD-261.85

Índices para catálogo sistemático:
1. Trabalho : Aspectos religiosos : Cristianismo   261.85

Cibele Maria Dias – Bibliotecária – CRB-8/9427

ANSELM GRÜN

VIVER, NÃO APENAS NOS FINS DE SEMANA

o trabalho como realização pessoal

Tradução de Nélio Schneider

EDITORA
VOZES

Petrópolis

© 2018 by Vier-Türme GmbH, Verlag, Münsterschwarzach, Alemanha

Título do original em alemão: *Leben – nicht nur am Wochenende – Wie Arbeit lebendig macht*

Direitos de publicação em língua portuguesa – Brasil:
2019, Editora Vozes Ltda.
Rua Frei Luís, 100
25689-900 Petrópolis, RJ
www.vozes.com.br
Brasil

Todos os direitos reservados. Nenhuma parte desta obra poderá ser reproduzida ou transmitida por qualquer forma e/ou quaisquer meios (eletrônico ou mecânico, incluindo fotocópia e gravação) ou arquivada em qualquer sistema ou banco de dados sem permissão escrita da editora.

CONSELHO EDITORIAL

Diretor
Gilberto Gonçalves Garcia

Editores
Aline dos Santos Carneiro
Edrian Josué Pasini
Marilac Loraine Oleniki
Welder Lancieri Marchini

Conselheiros
Francisco Morás
Ludovico Garmus
Teobaldo Heidemann
Volney J. Berkenbrock

Secretário executivo
João Batista Kreuch

Editoração: Leonardo A.R.T. dos Santos
Diagramação: Raquel Nascimento
Revisão gráfica: Nilton Braz da Rocha / Nivaldo S. Menezes
Capa: Érico Lebedenco

ISBN 978-85-326-6168-5 (Brasil)
ISBN 978-3-7365-0131-7 (Alemanha)

Editado conforme o novo acordo ortográfico.

Este livro foi composto e impresso pela Editora Vozes Ltda.

Sumário

Prefácio, 7

Pressupostos espirituais, 13

    Tentações, 13

    A família de origem como força que vem da raiz, 17

    Profissão ou vocação, 21

    A vocação por Jesus, 25

    Reconciliar-se com sua biografia, 32

Qualidades, 39

    As bem-aventuranças como pressupostos do trabalho, 39

    Trabalhar motivado pela confiança, e não pelo medo, 44

    Ver sentido no trabalho, 46

    Perfeccionismo e *burnout*, 50

    Persistência e disciplina, 53

Relações, 57

    Lidar com pressão e assédio moral, 57

    Verdade e veracidade, 62

    Justiça, 67

    Amor ao próximo, 72

    Cooperação e rivalidade, 77

Trabalho em equipe, 83

    Pontos fracos e pontos fortes, 83

Compor uma equipe, 88

Coordenar personalidades, 90

Complementar-se mutuamente, 94

Tensão e identidade, 98

Equilíbrio, 103

Conseguir descansar, 103

Equilíbrio entre trabalho, parceria e família, 106

Desvincular-se do trabalho, 109

Uma nova identidade depois da aposentadoria, 112

Renovar-se no trabalho voluntário, 115

Fontes citadas, 119

Prefácio

No início de sua carreira profissional, as pessoas jovens se preocupam bastante com seu futuro trabalho. Isso sempre está associado a angústias a respeito de como será a situação laboral em que ingressarão e se darão conta do recado. Os que já trabalham há bastante tempo sentem que a pressão no trabalho aumenta e a atmosfera em muitas empresas vai se tornando cada vez mais fria e desumana. Eles se perguntam como continuar sendo pessoas cordiais em um entorno dominado pela frieza.

Como podemos continuar sendo humanos em nosso trabalho e sobreviver no atual mundo do trabalho? E como devemos entender o trabalho na condição de cristãos? Existe uma ética cristã para o trabalho ou devemos simplesmente nos submeter às leis do mundo do trabalho?

Para muitas pessoas o trabalho cada vez mais se torna um peso. Elas têm medo de perder a alegria de trabalhar e de não resistir à pressão das exigências. Problemas concretos no trabalho também podem ser graves. Por exemplo, a questão de como trabalhar com colegas de trabalho difíceis ou como se arranjar com um chefe difícil.

Na Segunda Carta aos Tessalonicenses, Paulo exorta os cristãos assim:

Trabalhem tranquilamente! (2Ts 3,12)[1].

---

1. As passagens bíblicas são citadas de acordo com a *Bíblia Sagrada*. 51. ed. Petrópolis: Vozes, 2012. Em caso de discrepância com o texto alemão, acompanha-se o texto alemão [N.T.].

Hoje em dia, bem poucas pessoas diriam que conseguem fazer o seu trabalho tranquilamente. Muitas vezes, espera-se que uma quantidade cada vez menor de empregados dê conta do mesmo trabalho de antes. A pressão é cada vez maior e muitos se sentem sobrecarregados. Sinal disso é o adoecimento crescente e o fenômeno do *burnout* [esgotamento], de que sofre muita gente hoje.

São Bento traduziu para a vida concreta dos monges a ética do trabalho que desponta em Paulo. Ele exorta seus monges a viver do trabalho com as próprias mãos. Isso muitas vezes requer empenho e esforço. E exige do celeireiro, o administrador encarregado da direção financeira do mosteiro, que ele sempre cuide bem da sua alma e exerça seu ministério com paz de espírito (RB 31,8; 31,17). Nessa passagem, São Bento fala de *aequo animo*: o celeireiro deve ter um ânimo equilibrado e fazer o seu trabalho com ânimo equilibrado, tranquilidade interior e paz de espírito. O celeireiro pode encontrar essa paz de espírito, por um lado, organizando sua tarefa de tal maneira que não sobrecarregue a si próprio. Por outro lado, é necessário fazer um trabalho espiritual em si mesmo para estar à altura dos esforços demandados pela direção do mosteiro com o ânimo equilibrado. Para muitos que gemem sob os esforços do cotidiano laboral, essas ideias que São Bento acolheu em sua Regra há mais de 1.500 anos parecem estranhas e pouco práticas. Como ter tranquilidade quando se está exposto a constantes expectativas, na empresa, na família, na comunidade eclesial?

São Bento viu a junção de oração e trabalho como objetivo propriamente dito da vida espiritual. "*Ora et labora*" é tido como o lema fundamental dos beneditinos. Ele não implica só uma união externa e uma proporção equilibrada de oração e trabalho. Trata-se sobretudo de uma união interna. Se conseguíssemos estabelecer uma junção interior entre oração e trabalho, poderíamos trabalhar também hoje "com tranquilidade interior". No entanto, as condições atuais não favorecem a vivência do "*ora et labora*" beneditino em nosso trabalho. Por essa razão, este livro trata não só dos pressupostos pessoais de como podemos unir oração e trabalho. Ele trata também de condições estruturais que possibilitam tal união. Quando as lideranças se limitam a fazer pressão, quando não se reconhece mais o sentido do trabalho, quando tudo tem de andar cada vez mais depressa, não é fácil trabalhar com tranquilidade interior. Em consequência, as empresas têm de se empenhar para criar um clima correspondente. Um clima de confiança se faz necessário. As pessoas gostam de trabalhar num clima assim. Nele, elas também rendem bastante e não se sentem controladas ou pressionadas.

O *"ora et labora"* beneditino é a marca da ética do trabalho da Idade Média cristã. Ainda hoje podemos aprender com essa ética do trabalho. Naturalmente os pressupostos são diferentes dos que havia na época de São Bento. Pois estabelecer sintonia entre oração e trabalho, recolher-se e sair de si, movimento e descanso, vida e profissão, constituem um objetivo importante. Hoje se fala de equilíbrio entre trabalho e vida. São Bento pensa que a oração é a fonte da qual flui o trabalho. E, inversamente, o trabalho é um teste para verificar se a nossa oração é autêntica, se em nossa oração realmente nos libertamos do nosso ego e nos tornamos capazes de dedicar-nos a Deus e ao trabalho. Mas o que significa a oração para o ser humano moderno, que não é necessariamente piedoso? No sentido amplo, oração quer dizer: ter tempo para recolher-me, tempo em que entro em descanso, no qual interrompo o trabalho para estar totalmente comigo mesmo. Uma boa maneira de recolhimento são os rituais. Rituais são atividades breves que se repetem e que podem se tornar um hábito. Rituais são exercícios. Por exemplo, pela manhã eu faço o seguinte exercício: ponho-me de pé, levanto minhas mãos no gesto da bênção e deixo a bênção fluir para as pessoas com as quais e pelas quais trabalharei nesse dia. Mantenho o hábito de fazer uma breve introspecção antes de iniciar qualquer diálogo e pedir a Deus que abençoe aquele encontro. Há rituais pessoais, hábitos pessoais. Mas há também rituais coletivos, que marcam a cultura de uma empresa, o ritual de celebrar o aniversário dos colegas de trabalho. Outros rituais consistem em formas de saudação ou em formas de começar ou concluir o trabalho.

Pesquisas sobre a economia empresarial mostram que a união de "*ora et labora*" também é significativa na esfera secular do trabalho. Empresas que cultivam bons rituais são economicamente mais bem-sucedidas. Isso pode parecer paradoxal, pois rituais demandam tempo. Por exemplo, tomar café com o colaborador quando este faz aniversário, felicitar o colaborador e elogiar o seu trabalho na empresa custa tempo. Porém, rituais são o lugar em que se expressam sentimentos que não afloram em nenhum outro momento. Quando essas emoções são expressas em um ritual, este se torna uma fonte de energia. As emoções motivam os colegas de trabalho a trabalhar com gosto e engajamento total. E rituais criam uma identidade para a empresa. As pessoas sentem que há mais em jogo do que apenas a efetividade do trabalho. Rituais criam um tempo sagrado. E esse tempo sagrado que os colegas de trabalho de uma empresa se permitem transforma também o restante do tempo. Ele nos impede de ser devorados pelo tempo (*chrónos*) e nos presenteia o tempo favorável (*kairós*). Rituais interrompem o trabalho e fazem com que, em meio ao cotidiano do trabalho, brilhe um pouco do sentido, da transcendência, do amor e da reverência. Isso motiva as pessoas mais do que a pressão de cima ou a intimidação com que alguns chefes acham que podem instigar seus colaboradores a se esforçar mais.

Devemos ajustar sempre dois parafusos: o parafuso da organização externa do trabalho e da criação de um clima saudável de trabalho e o parafuso da espiritualidade pessoal. Mesmo que as condições externas não sejam as ideais, sempre posso me retirar em oração para dentro do espaço interior da quietude. Esse espaço da quietude não me afasta do trabalho, mas me capacita a manter a tranquilidade interior em meio a uma atmosfera caracterizada pelo barulho e pela correria. Quando realizado a partir de uma fonte de energia espiritual, nosso trabalho se torna uma bênção para nós e para as pessoas para as quais trabalhamos.

As imagens contidas nas histórias bíblicas querem abrir nossos olhos para que não tenhamos uma visão pessimista, mas esperançosa do trabalho que nos espera ou no qual estamos envolvidos. A Bíblia não quer nos levar a ver nosso trabalho em tons rosados, mas com um olhar realista. Mas esse olhar realista sempre é também um olhar de esperança. Ele permite que, na atual situação do trabalho, descubramos maneiras de dar conta do trabalho de tal forma que ele seja uma bênção para nós e para o mundo. As 25 imagens bíblicas querem nos resguardar de sermos oprimidos pelo trabalho. Elas nos remetem às fontes interiores, das quais podemos nos servir para não ficar exauridos pelos esforços diários. É por isso que considero o *"ora et labora"* beneditino tão importante. Trata-se de descrever espiritualidade como fonte importante do nosso trabalho. A oração nos ajuda a entregar-nos inteiramente ao trabalho, sem ser oprimidos por ele. Pois ele nos põe em contato com a fonte interior do Espírito Santo que nunca seca. Quando trabalhamos a partir dessa fonte, isso transforma nosso trabalho. Ele não é mais só carga ou dever, mas torna-se também expressão de nossa espiritualidade, expressão de amor e dedicação.

As imagens existem para que se medite sobre elas e elas tomem forma em nós. O livro quer convidar você, querida leitora e querido leitor, a contemplar as imagens bíblicas e, em seguida, lançar um olhar sobre o seu trabalho. Ao estabelecer uma conexão entre sua situação concreta de trabalho e uma imagem bíblica, você descobrirá novas maneiras de lidar com dificuldades e identificar um sentido em seu trabalho. As imagens bíblicas querem trazer luz à nossa vida. Imagens sempre são mais do que experiências do passado. Elas abrem uma janela pela qual podemos olhar para a realidade. Hoje em dia as pessoas costumam olhar para a sua vida através de vidraças escuras e embaçadas. A Bíblia quer limpar as vidraças para que a luz possa penetrar por elas e nós possamos aprender a valorizar nossa situação de trabalho de maneira nova à luz da Bíblia.

Às imagens bíblicas associei citações da Regra de São Bento (RB) e as interpretei de tal maneira que indicam para nós hoje maneiras viáveis de interconectar oração e trabalho. A Regra de São Bento, tanto quanto a Bíblia, foi escrita em uma linguagem que muitas vezes nos soa estranha. Por isso, a Bíblia e a Regra necessitam de interpretação. Porém, quando vemos as velhas palavras à luz das nossas experiências atuais, descobrimos nelas uma profunda sabedoria. Essa sabedoria pode nos ajudar hoje a ver nossa situação de trabalho de maneira nova e lidar com ela de tal modo que ela não nos oprima, mas desafie a crescer humana e espiritualmente.

Portanto, desejo que você, querida leitora, querido leitor, se sinta estimulado pelas imagens bíblicas e pelos textos da Regra de São Bento a entender sua situação concreta de trabalho de maneira nova e mais profunda e a descobrir novas maneiras de dar conta dela. Desejo, ainda, que seu trabalho seja abençoado por Deus e seja uma bênção para aqueles com quem e para quem você trabalha.

Anselm Grün

Pressupostos espirituais

Tentações

Antes de começar a trabalhar e atuar em público, Jesus é tentado por satanás. Essas tentações podem ser entendidas assim: antes de dar aquele passo, foi preciso que Ele enfrentasse seus lados sombrios. Cada um de nós tem lados sombrios. São as tentações de usar o trabalho para extravasar as próprias necessidades egoístas. Mas, nesse caso, o trabalho não nos será útil e nos tornará estranhos a nós mesmos. Nenhuma bênção virá de nós. Por isso, antes de embarcar no trabalho, também temos o dever de enfrentar essas três tentações como fez Jesus. Só então nosso trabalho será bem-sucedido. Porém, também durante o trabalho haverá ocasiões em que estaremos sujeitos a essas tentações. E repetidamente teremos de dizer para nós mesmos como e para que queremos trabalhar.

A primeira tentação é transformar pedras em pão. É a tentação de usar tudo para nós mesmos. A única finalidade do trabalho é conseguir vantagens para nós. Ele serve para que ganhemos o máximo de dinheiro possível. No entanto, Jesus diz:

> Não é só de pão que vive o ser humano, mas de toda palavra que sai da boca de Deus (Mt 4,4).

Não vivemos só do que rende algo para nós, mas daquilo que de fato nos nutre. Não vivemos só pelo dinheiro. Dinheiro não nutre. Precisamos que outros valores nos nutram no trabalho. Jesus se refere à Palavra de Deus. Podemos interpretar a Palavra de Deus de diferentes maneiras: por um lado, o termo se refere aos valores que nos nutrem, que nos dão energia. Sem valores, nossa atividade não tem valor. Temos de ponderar, portanto, sobre os valores pelos quais nos guiaremos no trabalho. Por outro lado, a Palavra de Deus também se refere ao que Deus gostaria de nos dizer. É preciso ouvir a Palavra de Deus para que não vivamos simplesmente ao acaso. A Palavra de Deus nos mostra uma maneira de dar sentido a nossa vida. E remete para além deste mundo. Há algo que transcende este mundo. Somente se tivermos como nosso suporte propriamente dito o Deus que está além do mundo, também teremos uma boa base para o nosso trabalho no mundo. No Pai-nosso, pedimos a Deus que nos conceda o pão diário. Os Padres da Igreja viram nisso, por um lado, o sustento diário; mas, por outro, também o entenderam como o pão "supraessencial", como o pão que satisfaz nosso anseio mais profundo pelo mundo transcendente, por Deus.

A segunda tentação é a de alcançar uma posição de destaque especial no seu trabalho. Espera-se que Jesus pule do telhado do Templo. Ou seja, espera-se que Ele tire o coelho da cartola. Espera-se que Ele se destaque diante dos demais. Há os que querem fazer seu trabalho unicamente para brilhar. Eles querem se colocar acima dos demais. Ao fazerem isso, frequentemente perdem a medida das coisas. Seu único objetivo é galgar os degraus da carreira. Fazem coisas inusitadas para chamar a atenção visando a chegar no topo. No entanto, existe o perigo de despencarem de lá repentinamente, pois superestimam a si próprios. Eles criticam os demais colegas de trabalho e os chefes. Ninguém teria noção do trabalho; somente eles seriam realmente capacitados. Porém, tal superestimação não nos faz bem. Há os que vão para o trabalho com expectativas exageradas, achando que são qualificados demais para fazer trabalhos simples. Eles precisam de imediato cumprir tarefas que correspondem à sua formação. No entanto, se eu deixar de fazer as tarefas simples, jamais conseguirei ser promovido no trabalho. O importante não é chamar a atenção para minhas capacidades extraordinárias, mas primeiro mostrar que sou capaz de cumprir bem as tarefas simples. Não se trata de fazer mágica, de chamar a atenção para mim mediante "truques de mágica", mas trata-se da bênção de Deus. Minha atividade deve ser uma bênção para mim e para as pessoas para as quais trabalho.

A terceira tentação é a do poder. Toda pessoa exerce poder. O poder também é uma coisa boa. É ser capaz de organizar algo, de fazer algo de bom. Podemos realizar algo e pôr algo em movimento. No entanto, sempre há também a tentação do poder. Os colaboradores muitas vezes identificam essa tentação em seus chefes. Há chefes que não usam seu poder para conduzir bem a empresa e para criar um ambiente favorável para os colaboradores, mas para colocar a si mesmos em evidência. Quem exerce poder assume responsabilidade por outras pessoas. Toma providências para que os colaboradores tenham um local de trabalho bom e seguro, para que o futuro da empresa esteja assegurado. No entanto, muitos exercem poder para rebaixar os demais. Isso acontece sempre que uso o poder para compensar meu próprio sentimento de inferioridade. Porém, no caso da tentação do poder, não podemos olhar só para os chefes. Cada pessoa que trabalha também o exerce. Ela é capaz de efetuar algo com seu trabalho. Ela cria um ambiente à sua volta. Pode ser um ambiente em que todos se sentem bem, mas pode ser também um ambiente de medo com que eu pretendo intimidar os demais. Nesse caso, caí na tentação do poder. Demonstro poder sobre os colegas de trabalho menos talentosos do que eu, que não têm tanta facilidade de acesso ao chefe. Exerço meu poder, desmerecendo os demais colegas de trabalho. E exerço poder sobre eles, tornando-os dependentes de mim. Uma das formas preferidas de exercer poder é deixar os outros esperando. É o poder do funcionário público de baixo escalão que deixa todo solicitante esperando por muito tempo para deixar bem claro que ele tem poder. Esse poder também é exercido por muitos colegas de trabalho que deliberadamente deixam seus colegas esperando. Estes devem sentir que dependem de sua mercê. Esses jogos de poder são frequentes nas empresas.

São Bento conhece a tentação associada a cada trabalho. As tentações mais importantes são para ele a tentação da fraude e a da ganância. Estamos sempre tentados a apresentar nosso trabalho melhor do que ele é. Isso vale para a atividade no local de trabalho tanto quanto para os produtos que fabricamos. Muitas vezes os elogiamos mais do que merecem. São Bento chama isso de fraude. Devemos ser honestos em nosso trabalho, gratos pelo que conseguimos fazer, mas também sempre conscientes de que o resultado do nosso trabalho não satisfaz todas as necessidades do mundo. A outra tentação é a da ganância. Queremos ganhar cada vez mais com o nosso trabalho e vender os nossos produtos cada vez mais caro, para que o lucro da empresa cresça constantemente. Em contraposição, São Bento escreve isto:

> Se, dentre os trabalhos dos artesãos, alguma coisa for vendida, cuidem aqueles por cujas mãos devem passar essas coisas de não ousar cometer alguma fraude. Lembrem-se de Ananias e Safira, para que a mesma morte que esses mereceram no corpo não venham a sofrer na alma aqueles e todos os que cometerem alguma fraude com os bens do mosteiro. Quanto aos próprios preços, que não se insinue o mal da ganância, mas venda-se até um pouco mais barato do que pode ser vendido pelos seculares, para que em tudo seja Deus glorificado (RB 57,4-9)[2].

É interessante que o lema de São Bento "para que em tudo seja Deus glorificado" conste justamente no capítulo sobre o trabalho. A maneira como trabalhamos deve deixar transparecer algo da beleza de Deus, nela as pessoas devem perceber a que damos mais valor: a nós e nossa imagem ou à honra de Deus.

---

2. Recorreu-se à tradução para o português de João Evangelista Enout, OSB [disponível em: http://www.asg.org.br/imagens/Regra_de_Sao_Bento.pdf], que foi modificada sempre que necessário para corresponder ao texto alemão [N.T.].

A família de origem como força que vem da raiz

Tomar consciência da minha origem ajuda a descobrir meus pontos fortes e meus pontos fracos. Somente quando conheço ambos – tanto os pontos fortes quanto os pontos fracos –, posso usá-los para desenvolver no trabalho o potencial que Deus me presenteou. Cada um de nós traz as marcas de sua família de origem e deve usar essa peculiaridade de tal modo que se torne uma bênção para si e para outros.

O modo como a família de origem nos marca é mostrado pela história bíblica de Abraão, Isaac e Jacó. Abraão foi o grande patriarca. Ele deixou sua terra natal e construiu uma nova vida em terra estrangeira. Mas, de tanto migrar e construir, pelo visto, ele negligenciou seu filho Isaac. Isaac tornou-se um filho somente de sua mãe. Ele parece fraco em comparação com o pai. Mas, apesar disso, ele viveu sua vida e se tornou pai de Esaú e Jacó. Ele transmitiu para seus filhos a rejeição que experimentou do seu pai. Os filhos não conseguem aceitar um ao outro. Jacó é o mais esperto; Esaú, o mais velho e mais forte, o lutador.

Jacó compra de Esaú a primogenitura e surrupia do pai a bênção do primogênito. Ele passa a perna no irmão. No entanto, quando pede a Labão a mão de sua filha, Raquel, Labão passa a perna nele. Sorrateiramente ele lhe entrega Lia, a filha feia. Assim, Jacó foi obrigado a trabalhar durante 14 anos pelas duas mulheres. Nesse período, Lia lhe deu muitos filhos, enquanto Raquel só lhe deu o filho José. Ao decidir voltar para casa depois de 14 anos, Jacó passa a perna em seu sogro e leva a maior parte do rebanho de cabras consigo. Ele foi bem-sucedido com sua esperteza.

Hoje em dia há muitas pessoas sem pai, principalmente quando a mãe tem de criar os filhos sozinha. Mas há também pessoas sem mãe, que não conseguem construir uma relação realmente boa com a mãe porque a mãe está ocupada demais com o sustento da família, a ponto de não conseguir se dedicar pessoalmente aos filhos. Pessoas sem pai muitas vezes são desconfiadas no trabalho e têm problemas com a autoridade. Elas também temem o conflito e são tímidas na hora de tomar decisões. Pessoas sem mãe frequentemente buscam acolhimento e proteção em seu local de trabalho. Esperam que a empresa seja uma substituta para a mãe. No entanto, isso muitas vezes causa frustração, porque a empresa justamente não é só mãe, mas muitas vezes também a dura realidade do mundo.

É bom quando conhecemos a história da nossa família. Acompanhei um sacerdote que tinha um pai de personalidade forte, semelhante a Abraão. Porém, o pai se mostrava tão forte que o filho tinha a impressão de que jamais estaria à altura dele. Por isso, ele fez o contrário daquilo que o pai fazia. O pai era juiz. O filho se tornou sacerdote e foi dar assistência aos presos como capelão. Portanto, ele viveu na contramão do seu pai. No entanto, isso cortou sua ligação com a raiz do seu pai. Assim, depois de alguns anos, ele se tornou depressivo. Eu lhe disse: "Você é filho do seu pai. Não precisa imitá-lo. Mas você também tem parte na força do seu pai. Confie nessa força". Ele fez isso e assumiu um cargo de chefia. Portanto, viveu seu lado paterno e desabrochou.

Jamais vivamos contra nosso pai e nossa mãe, mas da força que vem da sua raiz. Ao fazer isso, é muito importante que também nos desprendamos interiormente deles e tomemos nosso próprio rumo. Acompanhei pessoas, cujos pais foram nazistas. Não é fácil se desprender das facetas negativas que os pais vivenciaram. Porém, os pais não foram só nazistas. Eles também vivenciaram outras facetas. Sou chamado a observar essas facetas. Elas também representam minhas raízes. As raízes dos pais precisam ser depuradas. Não ignoro o que eles fizeram de mal, mas encaro, lamento e deixo isso com eles. Não respeito os pais pelo mal que praticaram, mas pelo que me presentearam de bom. Assim sou capaz de respeitar minha origem e, ao mesmo tempo, fico livre dos maus envolvimentos do meu pai.

Quando não processamos a nossa origem, frequentemente repetimos inconscientemente os aspectos negativos do nosso pai e da nossa mãe. Ou os aspectos negativos do nosso pai e da nossa mãe nos paralisam interiormente. Não encontramos a nossa força. Sempre temos de observar as duas raízes: as boas e as tóxicas. As raízes tóxicas devem ser limpas ou então cortadas, para que as raízes boas possam nos nutrir. A limpeza das raízes pode acontecer por meio do perdão. Encaro os ferimentos que macularam as minhas raízes e perdoo meu pai e minha mãe. Ou então, abraço a mim mesmo com as minhas feridas. Ao fazer isso, sinto paz dentro de mim apesar das feridas. Sinto que as feridas também fizeram com que eu me mantivesse vivo e me puseram no caminho da evolução interior.

Jacó encarou a história de sua família. Ele encontrou seu caminho. Para isso, foi preciso primeiro que ele saísse do regaço de sua mãe. Num primeiro momento, ele trilhou seu caminho com esperteza. No entanto, no caminho de volta para casa, ao saber que Esaú vem ao seu encontro, ele fica com medo do seu irmão. Sua esperteza não poderia mais ajudá-lo. Agora ele precisaria enfrentar sua verdade, seus lados sombrios.

A Bíblia descreve a cena curiosa em que Jacó ordena que suas esposas, seus filhos e suas posses sejam levados para a outra margem do rio e fica para trás sozinho. Nessa noite, um homem obscuro luta com ele. O homem obscuro é imagem para os lados sombrios. Jacó não pode mais reprimir seus lados sombrios. Seu irmão Esaú é imagem do obscuro, do desconhecido, do selvagem dentro dele mesmo. Na luta com o homem obscuro, Jacó tem de enfrentar esses seus lados. No auge da luta, o homem obscuro pede que Jacó o solte. No entanto, Jacó diz a frase singular:

> Não o deixarei ir, se você não me abençoar (Gn 32,27).

E o homem obscuro abençoa Jacó e lhe dá um novo nome. Ele não se chamará mais Jacó (Enganador), mas Israel (Guerreiro de Deus). Quando encaramos nossos lados sombrios, estes se convertem em bênção para nós. Seguimos nosso caminho transformados. E como Israel nos tornamos bênção para muitas pessoas.

A melhor preparação para o trabalho é o encontro sincero consigo mesmo e olhar de frente aquilo que podemos perceber de lados sombrios em nós. Se não encararmos nossos lados sombrios e não nos reconciliarmos com eles, projetaremos nossas sombras sobre os outros. E isso falseará nosso trabalho. Por exemplo, se não encararmos nossa necessidade de estar no centro das atenções, vamos projetá-la constantemente sobre nossos colegas de trabalho ou sobre o chefe. Temos, então, a sensação de que o chefe é um tipo narcisista que só gira em torno de si mesmo. Ou de que nosso colega de trabalho sempre quer chamar a atenção de todos para si mesmo. Não nos damos mais conta de que essa necessidade está dentro de nós mesmos e que apenas a colocamos dentro dos demais. Se nos reconciliarmos com isso, podemos tratar nossos colegas e as lideranças de modo mais sereno, sincero e realista. Assim, não os veremos mais através dos óculos embaçados pelos nossos lados sombrios reprimidos, mas os veremos como de fato são. Isso então também viabiliza a boa convivência.

O autoconhecimento era para os monges um passo decisivo no seu itinerário espiritual. O ser humano deve observar todos os seus pensamentos e sentimentos e deixar que Deus os examine. Só a auto-observação precisa pode nos livrar do perigo de projetar sobre o semelhante os pensamentos e as necessidades que desconhecemos. Acontece com frequência que os chefes projetam as próprias necessidades reprimidas sobre seus colegas de trabalho e as combatem neles. Disso nos pretende guardar a auto-observação sobre a qual escreve São Bento em sua Regra:

Defendendo-se a todo tempo dos pecados e vícios, isto é, dos pecados do pensamento, da língua, das mãos, dos pés e da vontade própria, como também dos desejos da carne, considere-se o homem visto do céu, a todo momento, por Deus, e suas ações vistas em toda parte pelo olhar da divindade e anunciadas a todo instante pelos anjos. Mostra-nos isso o profeta quando afirma estar Deus sempre presente aos nossos pensamentos: "Deus que perscruta os corações e os rins" (Sl 7,9). E também: "Deus conhece os pensamentos dos homens" (Sl 94,11). E ainda: "De longe percebeste os meus pensamentos" (Sl 139,2) e "o pensamento do homem é manifesto diante de ti" (RB 7,12-17).

As palavras não querem nos intimidar em vista de um Deus que nos controla. Elas visam muito mais a nos conscientizar de que estamos sempre vivendo diante do Deus que vê tudo. Por isso, devemos enxergar a nós mesmos e conhecer-nos cada vez melhor. Então também trataremos as pessoas de maneira adequada, sem atribuir aos outros o que não conhecemos a respeito de nós.

Profissão ou vocação

Nosso trabalho não é simplesmente um emprego que frequentamos para ganhar dinheiro. Martim Lutero traduziu a palavra latina "*vocatio*" (chamado de Deus) para dentro da atividade secular. Ele fala da profissão humana. E a profissão humana se origina de uma vocação, de um chamado de Deus. O ser humano foi vocacionado para algo. Ele foi vocacionado para cumprir uma missão, uma incumbência. Lutero não entendeu a palavra "*Beruf*", "profissão", só como *Berufung*, vocação de Deus, mas também como ofício e posição do ser humano no mundo. Esse duplo sentido ainda hoje é efetivo na língua alemã. Há quem designe com profissão apenas a atividade visando ao ganho. No entanto, a palavra ainda deixa transparecer que fui vocacionado [*berufen*] para a minha profissão. A profissão é oriunda da minha vocação mais íntima.

Vocacionar [*berufen*] provém de chamar [*rufen*]. Deus chama o ser humano. O ser humano não é simplesmente deixado por sua conta. Na sua essência mais íntima, ele é alguém chamado. Deus o chama para que ele responda. O ser humano responde com sua existência. Às vezes a profissão é resposta ao chamado de Deus. Toda profissão tem a ver com vocação. Quem ama a sua profissão se sente chamado para ela, seja como trabalhador braçal, seja como médico, como terapeuta, como enfermeira.

Deus nos chama por meio de tênues impulsos do nosso coração, por meio das sensações de coerência e vitalidade interior. Percebo o chamado de Deus quando surgem dentro de mim a amplidão e a liberdade, quando meu coração fica cheio de amor e paz. Mas esse chamado é para ser ouvido e entendido. Muitos gostariam de saber para que Deus os chamou. Eles perguntam pelo chamado de Deus, mas não o ouvem nem entendem. Nós mesmos não podemos fazer o chamado. Devemos estar dispostos a escutar, mas o fato de haver um chamado será sempre graça. E, nesse caso, devemos distinguir muito bem entre o chamado que vem do superego e o que realmente vem de Deus. Na tradição espiritual, há o exercício do discernimento dos espíritos. Ele se torna importante justamente no caso da vocação e da profissão. Quando o chamado provém do próprio superego, ele leva à sobrecarga. Penso, então, que fui chamado para algo grande. Mas essa vocação corresponde antes à minha mania de grandeza ou ao meu perfeccionismo. Quando o chamado vem de Deus, ele sempre produz paz, liberdade, vitalidade e amor.

O Antigo Testamento narra uma história de vocação que quer nos dizer algo também sobre a nossa vocação. Ana e seu marido Elcana passaram longo tempo sem ter filhos. Reiteradamente eles peregrinavam até Siló para pedir a Deus a graça de terem um filho. Quando Deus atendeu seu pedido e lhes presenteou Samuel, eles o trouxeram até o sacerdote Eli para consagrá-lo a Deus. Samuel fazia seu serviço no Templo e lá também passava a noite. Um dia Deus chamou Samuel enquanto dormia. Samuel achou que Eli o tinha chamado. Foi até ele e lhe disse:

"Aqui estou, pois me chamaste!" Eli respondeu: "Eu não te chamei: volta e deita-te!" (1Sm 3,5).

Isso aconteceu três vezes. Na terceira vez, Eli disse a Samuel que, quando o Senhor o chamasse, ele deveria responder:

"Senhor, fala que teu servo escuta!" (1Sm 3,9).

Samuel faz isso e escuta a voz de Deus que lhe anuncia o futuro. E Deus repetidamente se revelou ao jovem Samuel por meio de sua palavra. Assim, Samuel se tornou profeta e, na condição de juiz e profeta, cumpriu uma importante missão para o povo de Israel.

Samuel reconheceu a voz de Deus quando este falou com ele. Nós, porém, muitas vezes não conseguimos saber o que Deus quer nos dizer. Por isso nos faz bem procurar seguidamente o silêncio, visando a identificar o que Deus quer nos dizer e para que Ele quer nos vocacionar. Deus nos fala por meio de impulsos interiores. Quando auscultamos o nosso interior e temos a sensação de que um impulso gera vitalidade, liberdade, paz e amor em nós, podemos confiar que esse impulso vem de Deus. A questão seguinte então é como concretizar esse impulso interior em nossa vida, que profissão escolher para dar seguimento ao chamado interior. A finalidade da profissão é nos trazer alegria, que gostemos de exercê-la, que ela nos faça sair a campo e descobrir nossa força. E que seja significativa para nós. Que tenhamos a sensação de poder fazer algo significativo para as pessoas.

Talvez para muitas pessoas isso soe muito idealista. Elas dizem: não pude escolher a minha profissão. Tive de aceitar esse trabalho, pois senão estaria desempregado. Nem dentro da empresa posso escolher o trabalho que corresponde à minha mais profunda vocação. Simplesmente tenho de fazer o serviço de que meu chefe me encarrega. A realidade muitas vezes nos impede de seguir a nossa vocação mais íntima. Nesse caso, a arte consiste em transformar em vocação o trabalho que me foi atribuído ou que fui forçado a escolher. Como pode ser isso? Não tenho como escolher o trabalho. Porém, quando digo um sim incondicional a esse trabalho que me foi atribuído, ele pode se converter em minha vocação. Posso, então, identificar a minha vocação em fazer de maneira boa e confiável o que foi destinado para mim e alegrar-me com o que estou fazendo. Então meu trabalho se transforma. Ele deixa de ser só um emprego. Eu o preencho com meu amor e minha dedicação. Com meu trabalho confiro forma a uma parcela deste mundo e, pela maneira como trabalho, trago mais alegria, amor e bondade ao mundo. Vejo isso então como minha vocação: transformar com dedicação, amor e alegria o que me é dado fazer.

No prólogo de sua Regra, São Bento fala do chamado de Deus que é dirigido a cada pessoa:

> Levantemo-nos então finalmente, pois a Escritura nos desperta dizendo: "Já é hora de acordar" (Rm 13,11). E, com os olhos abertos para a luz deífica, ouçamos, ouvidos atentos, o que nos adverte a voz divina que clama todos os dias: "Hoje, se ouvirdes a sua voz, não endureçais o vosso coração" (Sl 95,7-8) e de novo: "Quem tem ouvidos, ouça o que o Espírito diz às Igrejas" (Ap 2,7) (RB, Prólogo, 8-11).

Logo, para São Bento Deus sempre é alguém que nos chama. Ao seu chamado devemos responder, reagindo de duas maneiras: a primeira reação é despertar. Muitas vezes nos acalentamos com todo tipo de ideias. Idealizamos o que queremos fazer de nossa vida. Porém, muitas vezes seguimos cegamente quaisquer ilusões. Quando atendemos ao chamado de Deus, despertamos, abrimos os olhos e, pela primeira vez, identificamos a luz que de repente inunda a nossa vida. Nossa vida fica mais clara e mais alegre. A segunda reação é que rompemos a casca do nosso coração endurecido para que vida nova possa florescer em nós. Muitas vezes endurecemos nosso coração e o bloqueamos contra todas as coisas vindas de fora que podem nos deixar inseguros. No entanto, o chamado de Deus nos deixa inseguros. Ele nos chama para fora de nossa segurança pessoal. Porém, Ele não nos chama para exigir demais de nós, e sim para ganhar nova vitalidade e autenticidade.

A vocação por Jesus

Há uma maneira de identificar nossa vocação e ter acesso às nossas capacidades que nos é mostrada pelas histórias de vocação no Novo Testamento. Jesus chama pessoas individuais para que o sigam. Quando vê Simão e André lançando suas redes ao mar, Ele os chama:

> "Vinde comigo e eu farei de vós pescadores de gente!" (Mc 1,17).

Os dois deixam tudo o que têm, sua profissão, suas famílias, e seguem Jesus. Simão e André são simples pescadores que possuem apenas redes e as lançam parados dentro da água. Depois desses dois, Jesus vê Tiago e João, ambos filhos de Zebedeu, sentados no barco, consertando suas redes. Os dois se encontram numa posição social mais elevada. Eles têm – como se poderia dizer em termos modernos – uma frota pesqueira. Eles pescam de barco. Jesus chama os dois. Para Ele, a origem social não conta. Mais tarde, Ele colocaria Simão, o mais pobre e de posição social mais humilde, na liderança do grupo de discípulos. Não importando sua origem social, as pessoas devem seguir a Jesus. O que isso quer dizer para nós? Devemos seguir nossa voz interior. Jesus fala a nós dentro do nosso eu verdadeiro. Devemos seguir essa voz que muitas vezes fala bem baixinho. E tem outra coisa que considero importante: Jesus transforma a profissão dos pescadores. Eles devem se tornar pescadores de gente. Eles devem empregar em outro campo o que aprenderam e sabem fazer. Eles devem pescar pessoas. Do mesmo modo que antes esperaram pacientemente pelos peixes para pegá-los, eles devem agora ouvir as pessoas e sentir quando estão preparadas para seguir seu anseio íntimo. Eles devem conduzi-las pelo caminho do anseio e da fé.

Temos na língua alemã o seguinte ditado: "Se quiser pescar alguém, prenda seu coração no anzol". Só ganharemos pessoas para a vida e para Deus se lhes mostrarmos nosso coração e nos voltarmos cordialmente para elas.

Transpor essa passagem bíblica para a nossa vida significa o seguinte para mim: o que aprendi dos meus pais deve se tornar fecundo para as pessoas de maneira nova e transformada. O que aprendi deve fluir para dentro da profissão. Ao mesmo tempo, porém, isso deve ser alçado a um nível superior. Os discípulos não devem simplesmente continuar a exercer a velha profissão que aprenderam de seus pais. Eles devem, muito antes, tornar-se pescadores em outro nível. Eles devem descobrir dentro de si a capacidade de ganhar pessoas para a vida e para Cristo. Mas não devemos renegar nossa origem. Ela continua nos marcando. Mas é preciso que haja um chamado interior para que percebamos em que se pode transformar o que aprendemos.

E a palavra de Jesus, que alça o sonho de vida original dos discípulos a um patamar superior, aponta ainda outra pista que tenho de seguir. Para encontrar a profissão que corresponde à nossa essência é recomendável procurar em nossa história pelos nossos sonhos de vida. Deveríamos perguntar a nós mesmos: O que eu queria ser quando era criança? Que profissão eu queria exercer? Ou podemos auscultar o nosso interior: O que eu fiz com entusiasmo quando era criança? Onde e como eu brincava sem ficar cansado? Em seguida, deveríamos tentar perceber exatamente o que nos fascinou tanto naquele jogo ou naquela atividade. O que se inflamou em nossa alma? Qual foi a centelha que caiu dentro de nós?

Podemos interpretar as imagens que vemos nos sonhos de vida e nos jogos tendo em vista nossa situação concreta e nossa profissão. Se ainda não escolhemos a nossa profissão, podemos refletir sobre a direção em que as imagens infantis querem nos levar. As imagens que emergiram em nossa infância correspondem à nossa essência. Elas não nos foram impostas de fora, razão pela qual também podemos reconhecer nelas a nossa vocação. Porém, muitas vezes é preciso que elas sejam interpretadas. Pode ser útil compartilhar as nossas imagens com outras pessoas. Muitas vezes essas conversas nos dão estímulos quanto à maneira de traduzir essas imagens para nosso cotidiano profissional concreto. Quando convido participantes dos meus cursos a lembrar situações em que se entregaram de corpo e alma a uma brincadeira, eles muitas vezes descrevem com muita animação esses jogos. Posso sentir que estão entrando em contato consigo mesmos. E por sentirem a si mesmos, também descobrem que podem viver sua profissão de modo a estar em contato consigo e com sua verdadeira essência.

Eu gostaria de dar alguns exemplos: um psiquiatra contou que, quando era criança, gostava imensamente de brincar de posicionar soldados. Ele os posicionava em fileiras bem ordenadas para que pudessem obter a vitória na batalha. Na conversa, ficou claro para ele que se trata de uma bela imagem do seu trabalho. Como psiquiatra ele organiza as forças capazes de combater os padrões patogênicos presentes no paciente. Ele precisa ordenar corretamente as forças para que possam levar a melhor na batalha. Uma mulher que trabalhava no serviço de atendimento de um hotel gostava muito de brincar com bonecas quando era criança. Ela sempre fez o papel de mãe que cuida das bonecas. E do mesmo modo ela mostrou esse cuidado maternal pelos hóspedes como profissional de hotelaria. Seu desejo era que os hóspedes se sentissem acolhidos e em casa no hotel. Em sua atividade, ela estava em contato com o que gostava imensamente de brincar quando criança; por isso, o trabalho não lhe custava esforço. Ao contrário, ela gostava de trabalhar no hotel. A imagem de sua infância sempre a pôs em contato com suas fontes interiores.

Quando as pessoas têm resistência à sua profissão ou se sentem sem energias para exercê-la, isso é sinal de que não estão em contato com suas imagens interiores, mas seguem imagens alheias que não lhes fazem bem. Exatamente nessas situações é importante perguntar com que imagens comparecem ao trabalho. Sua tarefa seria descobrir imagens que as põem em contato com sua verdadeira essência. Um advogado sentiu aversão ao seu trabalho como jurista. É um trabalho tão árido. Ele pensou em estudar pedagogia social e então trabalhar com pessoas. Mas resolveu se casar e teve três filhos. Portanto, já não era realista deixar a profissão e começar a estudar. Perguntei-lhe o que ele gostava imensamente de ler ou fazer quando era criança. Em relação à leitura, ele se lembrou do seu conto favorito, "A gata borralheira". Quando lhe perguntei por que esse conto o fascinara tanto, ele achou que era porque, no final, se fez justiça com a menina. Ele contou ainda que, quando era criança e jovem, gostava imensamente de inventar e escrever histórias de pessoas. Quando lhe perguntei qual tinha sido sua motivação para fazer isso, ele disse que o destino das pessoas sempre lhe interessou. Como termina a história da pessoa? Como ela dá conta do seu destino? Na conversa, ficou claro para ele que essas duas imagens são suficientes para dar nova qualidade à sua atual profissão. Pois como jurista ele constantemente entra em contato com o destino de pessoas. E, nesse momento, sua tarefa é cuidar para que a justiça seja feita a essas pessoas e seu destino. Quando cotejou essas imagens com sua tarefa momentânea, de repente ele recuperou a vontade de exercer sua profissão de jurista. Ele passou a ter outra motivação. Já não era mais uma profissão estranha que ele só tinha abraçado para ganhar dinheiro ou porque seus pais a tinham recomendado. Ele encontrou dentro de si as imagens que lhe possibilitaram ver sua profissão como vocação e exercê-la com vontade renovada.

Entretanto, as imagens da infância também podem indicar que eu deveria mudar de posto de trabalho. Caso eu não possa viver a imagem interior em meu atual local de trabalho, faz sentido pensar em mudança. Posso primeiro experimentar se meu trabalho se transforma quando aplico a ele a imagem da minha infância. Mas, quando percebo que isso não dá certo, que a imagem e meu trabalho são incompatíveis, eu deveria pensar em mudar. Para onde minha imagem interior quer me levar? Quando não descubro um rumo claro, posso tentar associar os postos de trabalho que me são oferecidos com a imagem interior. Eu deveria aceitar o posto de trabalho que me transmite a sensação de tranquilidade, coerência, vitalidade e liberdade.

O Evangelho de João nos apresenta outros aspectos importantes da vocação. No primeiro capítulo, João descreve como sucedeu o chamamento dos primeiros discípulos. Ali não é Jesus que chama os discípulos. São outras pessoas que indicam Jesus para homens jovens. João Batista olha para Jesus e para seus discípulos e diz:

> Eis o Cordeiro de Deus! (Jo 1,36).

Como quer que se entenda essa palavra, os discípulos ficam curiosos e seguem a Jesus. Este se volta para eles e pergunta:

> "A quem procurais?" Responderam-lhe: "Rabi, onde moras?" Ele disse: "Vinde e vede". Eles foram, viram onde morava e ficaram com Ele aquele dia (Jo 1,38-39).

Eles queriam ver onde Jesus morava e como Ele vivia. Quando ficaram convencidos a respeito de Jesus, foram até seus amigos e lhes contaram de Jesus. Portanto, o chamado de Deus passa por outras pessoas que nos contagiam com seu entusiasmo. Porém, temos de fazer nossa experiência pessoalmente. Temos de ir lá ver como é esse Jesus, se vale mesmo a pena segui-lo. É bom ficar um dia inteiro com esse Jesus para verificar se estar perto dele nos faz bem. João fala da décima hora do dia ("quatro horas da tarde"). Dez é o número da integridade. Devemos ver, portanto, se através do seguimento nos tornamos íntegros e saudáveis, se em nossa profissão conseguimos encontrar ou realizar a plenitude da vida.

É assim que o chamamento acontece bastantes vezes também entre nós. Um jovem fica entusiasmado com o seu capelão e imagina poder trilhar o mesmo caminho. Uma jovem sente-se encorajada por uma monja a se interessar por essa profissão. Um pai, exercendo o ofício de artesão ou agricultor, deixou seu filho interiormente convencido de que essa também é a sua vocação. Muitas vezes Deus chama por meio de pessoas. Ele chama nossa atenção para as capacidades que possuímos. Porém, nós sempre precisamos auscultar o nosso interior e perguntar: Esse chamado que escuto dentro de mim vai me levar para algo que me é imposto ou para a vocação que me é mais própria, para o caminho em que conseguirei desenvolver todos os dons que recebi de Deus? Sempre precisamos de um tempo para aclarar as coisas, até que consigamos reconhecer qual é o nosso chamado. Os discípulos também permaneceram um dia inteiro com Jesus e viram exatamente que tipo de pessoa Ele era e o que transmitia. É bom, por exemplo, trabalhar por algum tempo em uma empresa para sentir se a atmosfera do lugar combina comigo, se posso mesmo me envolver com esse trabalho e essas pessoas. Se meu sentimento interior se rebelar, eu deveria levá-lo a sério. A vocação está acima da sensação que surge quando conhecemos mais de perto uma profissão ou uma empresa. Pois sempre se trata também de saber se consigo me entender ou não com as pessoas concretas que exercem a profissão almejada.

João indica ainda outro aspecto da vocação. Felipe tenta convencer Natanael. Este, porém, hesita e tem dúvidas. Jesus se encontra com ele e reconhece sua essência íntima. Jesus percebe o potencial desse homem (cf. Jo 1,47-50). A experiência de que Jesus – que era algo como um novo empregador – percebeu a essência e as possibilidades latentes desse homem transmite a Natanael a confiança de que seguir o chamado de Jesus é a coisa certa. Às vezes necessitamos de outras pessoas que vejam em nós as capacidades que até aquele momento não havíamos percebido e que sintam em que profissão podemos desenvolver o potencial que Deus nos presenteou.

O que as histórias bíblicas de vocação querem dizer para nossa profissão é isto: não basta simplesmente levar a vida do jeito que dá e sempre aceitar o primeiro emprego que aparece. Somos chamados por Deus para algo. A dignidade do ser humano consiste em que Deus o chama e vocaciona para expressar neste mundo algo que só pode ser expresso por meio dele e deixar gravada neste mundo uma marca bem pessoal de vida. Não devemos simplesmente nos limitar a cumprir um trabalho, mas sempre nos perguntar se ele corresponde à nossa vocação. Devemos proporcionar inspiração à nossa profissão. Isso só sucede quando nos sentimos chamados a exercê-la. Naturalmente nem todo posto de trabalho corresponderá à nossa vocação interior. E nossa vocação tampouco se resume à nossa profissão. Talvez eu me sinta chamado, na condição de pai ou mãe, de amigo ou amiga, a ser alguém que encoraja os outros a viver, que traz alegria ao mundo. Para entender nossa vocação e encontrar a profissão que lhe corresponde é necessário escutar nossa biografia, nossos anseios e atender aos silenciosos impulsos que vêm do nosso interior.

Jesus chama os discípulos: "Vinde e segui-me"; de modo semelhante, também São Bento escreve no prólogo à Regra sobre o chamado de Deus a nós:

> "Filhos, vinde e escutai-me; eu vos ensinarei o temor do Senhor. Correi enquanto tiverdes a luz da vida, para que as trevas da morte não vos envolvam" (Sl 34,12). E procurando o Senhor o seu operário na multidão do povo, ao qual clama estas coisas, diz ainda: "Quem é o homem que ama a vida e quer ver dias felizes?" Se, ouvindo, responderes: "Eu", Deus te dirá: "Se queres possuir a verdadeira e perpétua vida, refreia a tua língua do mal e os teus lábios das male-

dicências. Evita o mal e pratica o bem; procura a paz e vai atrás dela" (Sl 34,13-14) (RB, Prólogo, 12-17).

A primeira coisa que Deus quer fazer com as pessoas que escutam seu chamado é ensinar-lhes o temor a Deus. O temor a Deus nada tem a ver com sentir medo. Temer a Deus significa ser tocado por Ele, levá-lo a sério. Desse temor faz parte simultaneamente o prazer de viver. O chamado dirigido a nós não visa a exigir demais de nós. Ele quer, muito antes, despertar em nós o prazer de viver. No entanto, ele não consiste em divertimentos exteriores. São Bento mostra por meio do versículo do salmo, como podemos ter prazer de viver: evitar o mal e praticar o bem. Ao dizer isso, São Bento pensa acima de tudo na maneira como falamos e dizemos as coisas. Deveríamos cuidar para não falar dos outros. Em tudo, devemos procurar a paz. Isso nos leva ao prazer de viver. É nisso que, em última análise, consiste a vida espiritual: ter prazer de viver. Isso também vale para o trabalho: que eu tenha prazer nele. O que não quer dizer que eu tenha de gostar de tudo. Sinto prazer exatamente quando procuro fazer bem meu trabalho, falar bem dos outros e estar em paz com todos os meus colegas de trabalho. O prazer de trabalhar se expressa no fato de eu espalhar alegria em torno de mim. O trabalho não precisa provocar alegria por si só. Porém, também é decisão minha gostar de fazer o trabalho. Assim aumenta a minha alegria de trabalhar. E então o chamado para o trabalho pode perfeitamente ser um chamado para o prazer de viver.

Reconciliar-se com sua biografia

Muitas vezes, experiências traumáticas da infância nos impedem de envolver-nos adequadamente com as pessoas ao nosso redor. Na psicologia se diz que cada qual carrega dentro de si uma criança divina e uma criança ferida. A criança ferida sempre toma a palavra quando volta a ser ferida de modo semelhante. Ela se manifesta dentro de nós às vezes por causa de palavras e encontros totalmente inofensivos. De repente reagimos com irritação, e nosso interlocutor nem sabe o porquê de nossa reação exagerada. Tomemos Miguel como exemplo. Sua esposa se esqueceu de trazer seu queijo predileto ao fazer compras. Quando ela chega em casa, Miguel se queixa de que ela não dá a mínima para ele; de que ela não o leva a sério. A reação é exagerada. Quando se assusta com sua reação impetuosa, Miguel reconhece que sua mulher mexeu numa ferida antiga. Ele tivera a sensação de que sua mãe não o levava a sério: seus desejos seriam infantis e fora da realidade. Ela sempre sabia melhor o que ele precisava. Miguel não entenderia a si próprio.

A exemplo de Miguel, também nós às vezes reagimos bruscamente a uma palavra do colega de trabalho ou a um esquecimento dele. Imediatamente achamos que isso foi contra nós. Quando reagimos muitas vezes com irritação aos outros, tendemos a nos retrair cada vez mais. Nesse caso, nosso trabalho ficará prejudicado e não conseguimos lidar objetivamente com o trabalho nem com os colegas.

O Evangelho de Marcos relata um encontro de Jesus com crianças. Os discípulos quiseram evitar que Jesus se envolvesse com as crianças. Isso seria desperdício de tempo. No entanto, Jesus não se deixou demover pelos argumentos racionais dos seus discípulos. Há adultos hoje que reagem de maneira parecida quando falo da criança interior. Na opinião deles, deveríamos resolver nossos problemas racionalmente. Contemplar a própria infância seria desperdício de tempo. Deveríamos nos voltar para nosso presente e não cavoucar em nosso passado. No entanto, nosso presente fica obscurecido quando não tomamos consciência do nosso passado. A criança ferida dentro de nós turva nossos olhos, a ponto de não conseguirmos ver as coisas como elas são.

Jesus se volta para as crianças:

> Jesus abraçava as crianças e as abençoava, impondo as mãos sobre elas (Mc 10,16).

Muitos de nós identificam dentro de si uma criança negligenciada. Quando eram crianças, receberam pouca atenção do pai ou da mãe. Viviam em família, mas não foram realmente percebidos em sua singularidade. Eles apenas acompanhavam. Porém, aquilo que perfaz sua singularidade não foi percebido. Outras coisas eram mais importantes para o pai e a mãe. A criança negligenciada dentro de nós interpreta o comportamento do chefe ou de um colega de trabalho como se ele nos ignorasse e não se interessasse por nós. Então a criança negligenciada se sente magoada; ela estrila interiormente.

Muitas vezes os outros não estão nos ignorando, mesmo que tenhamos essa sensação. Muitas vezes não conseguimos reconhecer objetivamente se realmente estamos sendo ignorados ou se é só uma sensação nossa. Quando a criança negligenciada e ferida dentro de nós estrila ou se manifesta, deveríamos seguir o exemplo de Jesus e dar-lhe atenção de três maneiras:

Devemos abraçá-la e mostrar nosso amor por ela. Não devemos repreendê-la por estrilar. Devemos proceder como a mãe que abraça a criança em prantos sem xingá-la. Então a criança negligenciada se acalmará. Ela se sentirá aceita.

O segundo passo é este: Jesus impõe as mãos às crianças. Ele oferece um espaço protegido, no qual a criança se sente abrigada. Assim, devemos oferecer à criança ferida um espaço dentro de nós em que esteja abrigada e protegida dos olhares ofensivos que vêm de fora sobre nós.

E devemos abençoá-la. Em latim e grego, abençoar significa falar bem, dizer palavras boas. Queremos dizer coisas boas para a criança, como por exemplo: "Sim, você se sente negligenciada. Isso dói. Mas agora estou aqui com você. Estou olhando para você. Não estou ignorando você. Vejo sua dor. Mas também vejo seu anseio de ser vista e valorizada. Olho para você e a convido a olhar para você mesma agora. Você é mais do que a criança negligenciada. Você já se tornou adulta. Olhe para você mesma".

Crianças feridas que repetidamente se manifestam de maneira perceptível justamente no mundo do trabalho são as seguintes: a criança sobrecarregada, a criança insatisfeita e a criança rejeitada. Uma mulher teve de cozinhar para a família já aos sete anos de idade porque a mãe sempre esteve doente. No entanto, quando essa mulher foi trabalhar em uma empresa, sempre se angustiava ao receber uma nova tarefa. Ela pensava que aquilo a sobrecarregaria. A criança sobrecarregada se manifestava dentro dela e, assim, muitas vezes ela nem mesmo confiava que poderia assumir trabalhos bem simples. Ela bloqueou a si própria. Nesse caso, também seria bom dar atenção à criança sobrecarregada, abraçá-la amorosamente e encorajá-la: "Entrementes você aprendeu muitas coisas. Você consegue dar conta do trabalho. E não importa se não conseguir. Mas tente. Isso a fortalecerá e também no futuro você terá vontade de arriscar algo novo".

Muitos fazem em sua infância a experiência de não satisfazer as expectativas do pai e da mãe. Mais tarde, na escola, a criança insatisfeita tem a sensação de que não consegue ser boa o suficiente. E, no trabalho, ela sempre pensa que os outros são melhores, que ela própria não estaria suficientemente qualificada para a atividade. As pessoas que têm dentro de si uma criança insatisfeita rebaixam a si próprias. Elas pensam: "Não mereço o dinheiro que ganho. Eu teria de ser bem melhor". Nossa tarefa é abraçar essa criança insatisfeita e dizer-lhe: "Entendo a sua dor pelo fato de seus pais terem dado a entender que você não é boa o suficiente. Porém, estou do seu lado. Para mim, você é boa o suficiente. Seu jeito de ser é bom. Você não precisa ser a melhor. Você pode ser como é. Fico do seu lado. Gosto de estar com você. A mim você satisfaz". Quando mostramos nosso amor pela criança ferida que está dentro de nós e a abraçamos, aos poucos ela fala em um tom mais baixo. Não grita mais com tanta intensidade, mas se limita a fazer um movimento sentido. Ela nos lembra de que ainda há uma criança ferida dentro de nós.

Ela aumenta a sensibilidade conosco mesmos e com os nossos colegas. Porém, ela não perturba mais o convívio.

No entanto, não basta abraçar a criança ferida. Devemos voltar nossa atenção também para a criança divina em nós. A criança divina se encontra no fundo da nossa alma. É uma metáfora para a imagem singular que Deus fez de nós para si mesmo. Uma imagem do nosso verdadeiro eu e de todas as capacidades que Deus nos presenteou. Quando estamos em contato com a criança divina dentro de nós, os ferimentos que nos são infligidos de fora não nos atingem mais, estamos livres das expectativas e dos juízos dos colegas e do chefe, somos originais e autênticos. Ficamos livres de todas as imagens alheias que nos foram impostas no curso da nossa vida. E também nos livramos das constantes autoacusações, com as quais algumas pessoas se mortificam e dificultam a própria vida. A criança divina nos coloca em sintonia conosco mesmos. Ela produz paz, liberdade, amplidão e vitalidade dentro de nós. E ela é uma fonte de amor dentro de nós, que não seca nem quando não experimentamos tanto amor de fora.

Na época de São Bento, dificilmente os problemas das pessoas eram associados com os traumas de sua infância. Enfrentavam-se os problemas presentes. Porém, também naquele tempo ficou visível que há pessoas que mal conseguem se enquadrar na comunidade. São Bento não reagiu a essas pessoas com moralização, mas com o discernimento de um médico. E ele instrui o abade a ir ao encontro dos frades como médico. Ele sabe que não há pessoa difícil por capricho, mas sempre em razão de uma dor interior. Assim, São Bento escreve:

> Cuide o abade com toda a solicitude dos irmãos que caírem em faltas, porque "não são os que têm saúde que precisam de médico, e sim os enfermos" (Mc 2,17). Por isso, como sábio médico, deve usar de todos os meios, enviar *simpectas*, isto é, irmãos mais velhos e sábios que, em particular, consolem o

irmão vacilante e o induzam a uma humilde satisfação, o consolem "para não definhar por excesso de tristeza"; mas, como diz ainda o Apóstolo, "o amor se fortaleça dentro dele" (2Cor 2,8) e rezem todos por ele (RB 27,1-4).

O que vale para o abade e os confrades mais velhos que devem tratar amorosamente o confrade enfermo como faz um médico pode ser interpretado com referência a nossa esfera pessoal. O abade, o ser humano sábio dentro de nós, deve tratar amorosamente de nossa criança ferida. Nosso verdadeiro eu deve entrar em diálogo com a criança ferida para consolá-la. A palavra latina para consolar é *consolari*. Ela quer dizer que o ser paterno ou materno em nós adentra amorosamente a solidão da criança ferida para conversar com ela, consolá-la e fortalecê-la. A finalidade desse fortalecimento é não deixar que afundemos na tristeza e fiquemos apenas nos lamentando por termos sido feridos dessa forma. Ao contrário, trata-se de fazer com que o amor fique mais forte em nós. Quando nos voltamos amorosamente para a nossa criança ferida, o amor se fortalece dentro de nós. Entramos em contato com o amor pelo qual anseia a criança ferida. E esse amor fortalece a criança ferida e a cura. Portanto, não estamos simplesmente expostos indefesos aos traumas de nossa infância. Podemos reagir a eles amorosamente e assim transformamos nossas feridas em portas por onde entra o amor.

Qualidades

As bem-aventuranças como pressupostos do trabalho

São Bento incute no celeireiro, o administrador financeiro do mosteiro, que ele deve trabalhar em si mesmo. Ele deve exercitar-se em atitudes que lhe permitirão realizar um bom trabalho. Essas atitudes são proveitosas para qualquer empregado. Aí está, por um lado, a sabedoria. Quem trabalha com outros precisa aceitar a si mesmo e provar o próprio sabor. Só então partirá dele um sabor agradável aos outros. Ele não pode ser alguém agitado que fica correndo enlouquecido de um lado para outro. A palavra alemã *"hetzen"* vem de *"hassen"*, "odiar". *"Hetzen"* significa: acossar alguém para que trabalhe cada vez mais. Muitos acossam a si mesmos ao trabalho. Ficam o tempo todo se pressionando a trabalhar cada vez mais e cada vez mais rápido. Quem trabalha acossado odeia a si mesmo. E dele emana uma atmosfera de agressividade. Ele também odeia as pessoas que trabalham com ele.

São Bento ainda alude a outras duas atitudes negativas que o celeireiro não pode adotar. Ele não pode ser ofensivo nem lerdo. Há os que ferem a si mesmos no trabalho. Trabalham demais. Eles se sobrecarregam de trabalho. Mas então muitas vezes também ferem seus colegas de trabalho, tratando-os com dureza e criticando-os o tempo todo. É uma lei psicológica básica que passamos adiante os ferimentos com os quais não nos reconciliamos. Ou ferimos a nós mesmos ou ferimos os outros. Por isso, faz parte da preparação para o trabalho reconciliar-nos com nossa biografia. Só então emanará de nós uma atmosfera salutar.

E não podemos ser lerdos. Isso pode soar estranho em um mundo em constante aceleração. Muitos autores espirituais exigem desaceleração, redução da velocidade da vida. No entanto, há também uma lentidão no trabalho, que aponta para problemas interiores. Há pessoas que são lerdas no trabalho por consumirem muita energia consigo mesmas. Elas giram permanentemente em torno da questão se estão sendo suficientemente vistas, se estão fazendo tudo direito. Elas não se concentram no trabalho, mas ficam o tempo todo observando a si mesmas no trabalho. Essa auto-observação as torna lerdas no trabalho e lhes rouba a energia que necessitam para fazê-lo. São Bento exorta o celeireiro a não ser lerdo. Ele é rápido quando se dedica ao trabalho sem ficar constantemente se perguntando como os outros o avaliam. Ele não é agitado, mas o trabalho avança celeremente porque não é bloqueado por impedimentos interiores.

A Bíblia também repetidamente descreve atitudes que precisamos para que nossa vida seja bem-sucedida. Às vezes Paulo apresenta catálogos de virtudes e mostra as virtudes que nos capacitam para cumprir bem nossa tarefa no mundo. Contudo, eu não quero explicar aqui esses catálogos de virtudes, mas descrever as oito atitudes com que Jesus nos confronta nas bem-aventuranças.

Interpreto-as em vista do trabalho e as descrevo como posturas que nos ajudam a fazer bem o trabalho. A primeira atitude é a pobreza de espírito. Ela se refere à liberdade interior. Esta não vale só para a maneira de lidar com dinheiro, mas também para a maneira de lidar com o trabalho. Dedico-me totalmente ao trabalho, mas não me apego a ele. Mantenho minha mobilidade. Também posso aceitar outro trabalho.

A segunda atitude é o luto. Num primeiro momento, isso pode parecer estranho. Refiro-me, desse modo, ao ato de lamentar minha mediocridade e as chances de vida que deixei escapar.

40

No trabalho, sempre somos confrontados também com nossas limitações. Não somos os colegas de trabalho ideais. A empresa também não é a ideal. Logo vivenciaremos seus pontos fracos. Se não estivermos conscientes disso, logo começamos a criticar ou a pensar que deveríamos trocar de empresa imediatamente. Ou então lamentamos a situação na empresa e reconhecemos que, apesar dos pontos fracos que ela tem, oferece um espaço no qual podemos nos desenvolver e prestar ajuda às pessoas. Não nos decepcionamos conosco quando topamos com nossas limitações. Lamentamos nossa limitação, despedimo-nos das ilusões que nutrimos a respeito de nós mesmos. Isso possibilita que nos dediquemos inteiramente ao trabalho de que fomos incumbidos no momento.

A terceira atitude é a não violência ou a mansidão. Renunciamos ao uso da violência contra nós ou contra os outros. Há colegas de trabalho que tratam as coisas com violência, suas ferramentas, seu automóvel, a si mesmos e seus colegas. Não violento também pode significar manso, pacífico. O termo alemão *"sanft"*, "manso", provém de *"sammeln"*, "reunir, colecionar". Manso é quem tem a coragem de reunir tudo o que percebe em si mesmo. Muitos vão para o trabalho e levam só uma parte de sua pessoa, por exemplo, apenas a parte intelectual. No entanto, não podemos ter um encontro com alguém que fica reduzido a um só âmbito. Talvez encontremos sua cabeça ou sua competência, mas não a pessoa. No entanto, o trabalho só é bem-sucedido se estivermos presentes como pessoas inteiras. Nesse caso, o convívio será bem-sucedido. Pois não é possível viver nem trabalhar com pessoas divididas ao meio.

A quarta atitude é a da justiça. Devemos ter fome e sede de justiça. Devemos nos tornar justos conosco mesmos e com nossos colegas. Se os tratarmos injustamente, surgirão muitos atritos. Haverá a luta de todos contra todos. Porém, a Bíblia diz: quem semeia justiça colherá paz. Em uma atmosfera injusta surgem lutas e escaramuças entre todos. E muita energia é desperdiçada nessas jogadas injustas. Esperamos que a direção da empresa se porte com justiça. Mas nós também devemos nos empenhar pela justiça. Devemos ser justos conosco e com os colegas de trabalho, e também com os clientes, com sua dignidade.

Misericórdia parece ser uma atitude que não combina com o áspero mundo do trabalho. No entanto, misericórdia não significa complacência. A essência da misericórdia é que ela não avalia nem julga. Devo primeiro ser misericordioso comigo mesmo para não ficar o tempo todo menosprezando ou condenando. Então também serei misericordioso com os colegas. Abrirei meu coração com eles. É preciso haver uma atmosfera cordial para que se possa trabalhar bem. Em um clima sem cordialidade o trabalho não rende. Se os colegas de trabalho abrirem o coração uns com os outros, surgirá um laço afetivo. E esse laço promoverá o prazer de trabalhar. Ele é a condição para todos gostarem de trabalhar com os demais.

Quando chama de bem-aventurados aqueles que têm um coração puro, Jesus está se referindo a pessoas que não agem com segundas intenções. Elas são transparentes e puras. Elas querem dizer exatamente o que estão dizendo. Eles vêm ao encontro das outras sem segundas intenções. Essas pessoas de coração puro fazem bem a uma empresa. E fazem bem a nós. O coração puro se exercita em um olhar que identifica no outro o bom e o belo. Esses olhos puros possibilitam que identifiquemos em nós mesmos o bom e o belo e acreditemos nisso. Em contraposição, assumimos uma postura de defesa contra olhos cobiçosos, encampadores, condenatórios e avaliadores. Porque não nos sentimos bem diante de tais olhares. Porém, o coração puro também se mostra em um falar puro. Quando nosso falar não tem segundas intenções, quando não dizemos nossas palavras para colocar a nós mesmos no centro e nos apresentar melhores do que somos, mas simplesmente dizemos as coisas que têm de ser ditas, isso cria uma atmosfera pura no local de trabalho. Porém, quando nosso falar é turvado por nossas agressões e decepções, promovemos uma poluição do ambiente emocional.

A bem-aventurança seguinte se refere aos promotores da paz. Quem perturba a paz em uma empresa prejudica todo o clima de trabalho. Gostaríamos de trabalhar tendo paz interior conosco mesmos. Só temos êxito nisso quando estamos reconciliados conosco mesmos. Porém, também devemos promover a paz em nosso entorno. A paz não surge quando abafamos ou evitamos os conflitos. A palavra grega para paz, "*eiréne*", significa harmonia. Ela provém da música. A paz no local de trabalho surge quando todas as pessoas se harmonizam, cada qual no tom que lhe é próprio, quando cada qual pode ser totalmente ele mesmo e, não obstante, permanecer aberto para o concerto polifônico. A paz exige o respeito pela alteridade do outro. A palavra latina "*pax*" tem o diálogo como pano de fundo. Os romanos estavam convictos de que só se poderia produzir a paz por meio de diálogos. Nesse procedimento, as diferentes opiniões devem ser verbalizadas. A paz surge quando não se fala contra o outro, quando não se tenta persuadir o outro, mas quando se fala e se dialoga com ele; então surgem soluções e caminhos que representam paz para todos.

À primeira vista, a última bem-aventurança parece representar uma exigência excessiva:

> Bem-aventurados os perseguidos por causa da justiça (Mt 5,10).

No entanto, ela aponta um caminho para lidar com situações difíceis, como, por exemplo, com o assédio moral, a rejeição ou o tratamento injusto. Gregório de Nissa interpreta essas bem-aventuranças a partir do esporte: quando quero correr mil metros, preciso que outros corram comigo. Se eles me acompanharem bem, se, por assim dizer, me acossarem, correrei mais rápido. Gregório então transpõe essa experiência para a nossa vida. Mesmo que pessoas más nos persigam, elas não podem nos causar dano. Elas apenas nos forçam a correr mais rápido ao encontro de Deus. Aplicado ao mundo do trabalho, significa o seguinte: se colegas ou chefes trabalharem contra mim, se quiserem me prejudicar, não obterão nenhum poder sobre mim, desde que eu permita que eles me incitem a correr na direção de Deus. Também posso expressar isso com termos mais seculares: se eu deixar que as intrigas dos outros me incitem a ser cada vez mais eu mesmo, a chegar ao fundamento que me é próprio, a alcançar o espaço de silêncio, ao qual as palavras lesivas e ofensivas dos outros não têm acesso. A perseguição pode, portanto, ser uma oportunidade de maturar interiormente e tomar o caminho da liberdade interior.

As oito bem-aventuranças nos mostram oito atitudes que nos ajudam a melhor dar conta do trabalho – caso as exercitemos. Essas oito atitudes já estão dentro de nós. Não precisamos gerá-las artificialmente. Porém, é nossa tarefa fazer com que se reavivem dentro de nós. Ao meditar sobre essas atitudes, entramos em contato com elas, elas ingressam em nosso consciente e cunham nosso agir. E elas nos capacitarão a viver bem também no áspero mundo do trabalho. Nas bem-aventuranças, Jesus não nos prometeu um mundo perfeito. O que Ele fez foi apontar um caminho para fazer com que nossa vida seja bem-sucedida em meio à realidade deste mundo. Também é um caminho em que nosso trabalho poderá ser bem-sucedido.

Trabalhar motivado pela confiança, e não pelo medo

Uma atitude essencial que temos de aprender para trabalhar bem é a confiança. Há pessoas que precisam controlar tudo que fazem. Elas têm de controlar seus sentimentos por medo de que os outros venham a descobrir seus pontos fracos ou sua sensibilidade emocional. Também no que se refere à nossa atividade profissional é aconselhável verificar se tendemos a controlar tudo e, de tanto medo, preferimos nos retrair a arriscar alguma coisa.

Jesus trata do tema "medo" e "controle" na sua Parábola dos Talentos. Um homem confia seu patrimônio a seus servos antes de sair em viagem. Os dois primeiros servos trabalham com os talentos que receberam. Naquela época, um talento era muito dinheiro. Os dois primeiros servos trabalham com ele, arriscam alguma coisa. E cada um deles consegue dobrar a quantia que lhe foi confiada. O terceiro servo enterra seu talento. Ele tem medo de perder dinheiro. Ele de modo nenhum quer cometer um erro. Ele controla o dinheiro, enterrando-o. No entanto, seu pensamento fixado na segurança não permite que ele seja bem-sucedido. Pelo contrário: ao retornar, o senhor é implacável com ele e lhe diz:

> Escravo mau e preguiçoso, sabias que colho onde não semeei e recolho onde não espalhei. Devias, pois, depositar meu dinheiro num banco para, na volta, eu receber com juros o que é meu. Tirai-lhe o talento e dai-o ao que tem dez (Mt 25,26-28).

Essas palavras soam muito duras para nós. No entanto, Jesus quer mostrar com essa parábola que medo, controle e mania de segurança são catastróficos. Há um ditado que diz: "Quem quer controlar tudo perde o controle de tudo". Com essas palavras duras, Jesus nos convida a despedir-nos do desejo de ter o controle absoluto que leva à autodestruição e, em vez disso, trilhar o caminho da confiança. Quando nos atrevemos a ingressar no mundo do trabalho, precisamos ter confiança, para que os dons que Deus nos presenteou também circulem e os empreguemos.

Pode ser que cometamos erros, que algumas coisas não deem certo. Mas isso sempre é melhor do que não lutar e enterrar seu talento por medo de que possa sofrer algum arranhão. Quando trabalhamos com medo e fixados no que os outros poderiam pensar de nós e de que possam descobrir um erro em nós, nosso trabalho não trará bênção nenhuma. Enterraremos a nós mesmos. Definharemos. Devemos ousar fazer nosso trabalho motivados pela confiança. Fazer algo sempre exige confiança. Só posso confiar admitindo para mim mesmo a possibilidade de perder. Quem não souber perder tampouco ganhará algo. Assim Jesus nos mostra os pressupostos para o êxito no trabalho.

Naturalmente nem todos têm plena confiança quando pensam em seu novo posto de trabalho. Também sabemos que há medo dentro de nós. Deveríamos admitir para nós mesmos o medo que temos. Porém, a parábola de Jesus quer nos dar coragem para perceber o medo e, não obstante, impedir que ele nos determine, para passar do medo à confiança. Quanto mais ousarmos passar do medo à confiança, tanto mais forte ficará a confiança e tanto maior a alegria que nos proporcionará o trabalho.

São Bento exige a confiança não só dos monges, mas acima de tudo do abade. Ele o exorta:

> Não seja turbulento nem inquieto, não seja excessivo nem obstinado, nem ciumento, nem muito desconfiado, pois nunca terá descanso (RB 64,16).

O terceiro servo enterra seu talento por medo e por ter ciúme dos outros dois servos que tinham recebido mais do que ele. Ele tem a mentalidade estreita e não reage criativamente a sua situação, mas – como diz a palavra latina *"obstinatus"* – de modo obstinado, renitente, teimoso. Agindo com teimosia e obstinação, jamais conseguiremos ficar tranquilos. Prejudicamos a nós mesmos. Somente a amplidão e a confiança permitem que trabalhemos com tranquilidade interior, como Paulo exorta seus cristãos (2Ts 3,12).

Ver sentido no trabalho

Um pressuposto essencial para que trabalhemos bem, gostemos de trabalhar em nossa profissão e ela nos preencha é o significado do nosso trabalho. Só quando identificamos um sentido em nosso trabalho, temos motivação suficiente para suportar também as situações difíceis. Não se trata apenas de identificar um sentido em nossa atividade concreta, mas vivenciar o trabalho de modo geral como significativo. Há pessoas que do ponto de vista financeiro podem se dar o luxo de não trabalhar. No entanto, quando renunciam ao trabalho, sua vida também perde sentido. Trabalhar é significativo para o ser humano. A Bíblia nos mostra isso já no início, no relato sobre a criação.

O Antigo Testamento contém duas histórias da criação. No relato mais antigo sobre a criação (Gn 2,4b-25), Deus põe o homem no jardim para que o cultive e proteja. Portanto, o ser humano tem uma responsabilidade pela criação. Ele deve lidar com ela de modo atento e cuidadoso e, de certo modo, dar continuidade à obra da criação. Nessa narrativa, o trabalho não possui caráter agressivo. Pelo contrário, ele consiste em cultivar a terra que Deus criou e dotou de fertilidade. O trabalho não serve só à terra e à fertilidade. Ele serve também ao próprio Deus. O ser humano completa a obra de Deus. Seu trabalho é continuidade da ação de Deus e acontece em sintonia com Deus. O ser humano não compete com Deus. Ele serve a Deus com seu trabalho.

No relato mais recente sobre a criação (Gn 1,1–2,4a) consta a palavra que, na tradição cristã, às vezes foi mal-entendida como dominação do ser humano sobre a natureza:

> E Deus os abençoou e lhes disse: "Sede fecundos e multiplicai-vos, enchei a terra e submetei-a! Dominai sobre os peixes do mar, as aves do céu e tudo que vive e se move sobre a terra" (Gn 1,28).

No entanto, essas palavras não constituem uma legitimação da exploração da natureza. Trata-se, muito antes, de que, ao trabalhar, o ser humano transmita ao restante da criação o poder da bênção de Deus.

Considero importante ainda outro aspecto da narrativa da criação. Depois de Deus ter criado tudo, consta o seguinte:

> E Deus viu tudo quanto havia feito e achou que era muito bom (Gn 1,31).

Os gregos traduzem a palavra hebraica "*tov*" [bom] por "*kalós*", que significa belo. Ou seja, Deus olhou para tudo e viu que estava muito belo. Esta é a dignidade do trabalho humano: ele pode tornar a vida ainda mais bela, ele produz coisas belas e se alegra com o que criou. Em seguida consta isto:

> No sétimo dia, Deus considerou acabada toda a obra que havia feito e, no sétimo dia, descansou de toda a obra que fizera (Gn 2,2).

Portanto, o descanso faz parte do trabalho. A obra só fica completa com o repouso que segue ao trabalho. Esta é uma mensagem importante para nós hoje. Muitas pessoas não conseguem parar para desfrutar o que trabalharam e criaram. É preciso continuar imediatamente. Assim, a obra que elas fizeram permanecerá fragmento. Nosso trabalho só se completa quando, a exemplo de Deus, descansamos da obra de nossas mãos e quando, como Deus, podemos admirar aquilo que fizemos. Muitos nem têm tempo de olhar para o que trabalharam. Nesse caso, porém, seu trabalho fica incompleto. Pois o descanso e a contemplação da obra e o sentimento de gratidão e alegria porque tudo que fizemos ficou bom e belo são parte essencial do trabalho. Quem de tanto trabalhar esquece isso não é capaz de desfrutar o trabalho. Para esse, o trabalho assume antes o caráter de trabalho escravo. O trabalho criativo exige o descanso e a contemplação do que fizemos. É isso que dá completude ao trabalho. Na reflexão, temos a sensação de que valeu a pena trabalhar: trabalhamos para Deus e para os seres humanos. E o que fizemos ficou bom e belo.

Após a expulsão do paraíso, o trabalho assume um caráter bem diferente. Ele passa a ser penoso. "Comerás o pão com o suor do teu rosto" (Gn 3,19). O ser humano agora tem a obrigação de trabalhar. Ele próprio precisa ganhar o seu sustento. Quem não se esforça e faz uma provisão sensata prejudica a si mesmo e sua família. É por isso que, nos provérbios colecionados pelo Antigo Testamento, o preguiçoso repetidamente é criticado. Entretanto, o ser humano tampouco deve acumular riqueza e pôr nela a sua confiança. O Antigo Testamento tem como ponto de partida o trabalho na agricultura. Mas ele também conhece o trabalho do funcionário administrativo, do escriba e do professor. Nem o Antigo Testamento nem o Novo Testamento acompanham a depreciação do trabalho braçal, usual no entorno grego e romano. Pelo contrário, esse tipo de trabalho é muito apreciado.

O olhar para a Bíblia nos mostra, portanto, que o ato de trabalhar é significativo. Participamos do poder criador de Deus. O sentido do nosso trabalho consiste em tornar este mundo mais habitável, em proteger e cuidar do jardim deste mundo para que os seres humanos que vivem nesse jardim possam se alegrar e desfrutar sua beleza. Naturalmente também se trata de ganhar o sustento da própria vida. Muitas vezes isso requer esforço e labuta. Mas também nos proporciona liberdade interior. Somos capazes de obter nossa subsistência por nós mesmos e não somos mendigos que dependem das esmolas de benfeitores. São Bento acrescenta mais um sentido do trabalho: o trabalho é feito para os seres humanos. Ele é serviço ao ser humano. E ele é uma tarefa espiritual. Por meio do trabalho podemos crescer espiritualmente. O trabalho é o lugar em que aprendemos atitudes como humildade, dedicação, amor, misericórdia e empatia com as pessoas.

O sentido que São Bento atribui ao trabalho fica evidente em suas instruções para o serviço semanal na cozinha:

> Que os irmãos se sirvam mutuamente e ninguém seja dispensado do ofício da cozinha, a não ser no caso de doença ou se se tratar de alguém ocupado em assunto de grande utilidade; pois por esse meio se adquire maior recompensa e caridade (RB 35,1-2).

Para São Bento, o sentido do trabalho consiste em servir. Servir não significa se apequenar, mas despertar a vida em outros. São Bento fala aqui de servir à mesa. Quem serve à mesa cuida para que os monges possam comer tranquilos e em paz e que seja saboroso para eles, que sintam prazer de viver. Mas o trabalho como serviço não faz bem só às pessoas que servimos e das quais fazemos brotar a vida. Ele igualmente faz bem a nós. São Bento fala da recompensa que o trabalho traz. Nós nos alegramos quando somos capazes de despertar a vida em outros pelo nosso trabalho, quando logramos fazer com que outros sintam alegria com o nosso trabalho. Porém, para São Bento, o sentido propriamente dito consiste em que o trabalho faz crescer em nós o amor. Esse enunciado soa estranho em nosso áspero mundo do trabalho. No entanto, quando servimos a outros seres humanos com o trabalho, cresce em nós o amor por eles. E contribuímos para que o amor também cresça dentro das pessoas para as quais trabalhamos. E em uma atmosfera de amor é mais fácil trabalhar. Isso é confirmado também pela moderna pesquisa sobre o cérebro: uma atmosfera de amor produz um clima em que o cérebro constantemente cria sinapses novas e, em consequência, possibilita soluções criativas. Em uma atmosfera de amor, o trabalho perde o caráter opressivo e se torna mais leve. Ele é feito por amor e fortalece o amor em nós. E nesse amor florescemos cada vez mais.

Perfeccionismo e *burnout*

Hoje em dia, muitas pessoas padecem de esgotamento, de *burnout*. As causas disso são muitas. São as condições de trabalho que favorecem o *burnout*, como, por exemplo, estruturas injustas, o excesso de trabalho, falta de reconhecimento da parte das chefias, trabalho sem sentido, conflitos entre colegas de trabalho, assédio moral. Mas também existem causas interiores. Uma delas é o perfeccionismo. Não queremos cometer erros de jeito nenhum. Colocamo-nos sob pressão para causar uma boa impressão aos outros, para não deixar nenhum flanco exposto. À pressão interior soma-se então também a pressão exterior. Chega o momento em que nos sentimos um bagaço.

Jesus conta uma parábola em que nos convida a dispensar o nosso perfeccionismo. É a parábola do joio no meio do trigo. Um homem semeia boa semente no seu campo. No entanto, depois de algum tempo apareceu o joio crescendo junto com o trigo. Os servos dirigem-se ao seu senhor e lhe perguntam se deveriam arrancar o joio. O senhor, no entanto, responde:

> Não, para que não aconteça que, ao arrancar o joio, arranqueis também o trigo. Deixai que os dois cresçam juntos até a colheita (Mt 13,29-30).

As raízes do joio estão entrelaçadas com as raízes do trigo. Arrancar o joio levaria a arrancar o trigo junto com ele. Nesse caso, nada cresceria. Não devemos deixar o joio tomar conta. Podemos perfeitamente mantê-lo baixo, mas não podemos arrancá-lo pela raiz.

Essa imagem também vale para o nosso trabalho. É claro que devemos nos esforçar para cometer o mínimo possível de erros. Porém, quem gasta todas as suas energias tentando não cometer absolutamente nenhum erro e fazer tudo absolutamente certo desperdiça sua energia. Muitas vezes não tem força para criar alguma coisa boa. De tão fixado na infalibilidade, ele não consegue terminar nada. Ali não cresce o trigo que serve de alimento a outras pessoas.

Quando uma pessoa gira em torno de seu perfeccionismo, ela sempre está com medo de que, apesar de tudo, os outros venham a descobrir suas imperfeições. E esse medo a paralisa. Em todo trabalho, ela está tão fixada em fazer tudo certo, que pouco consegue avançar. Em contraposição, naquele que se concentra no trabalho alguma coisa cresce. Ele produz algo. Seu trabalho lhe dá prazer e é fecundo para outros. O trabalho não exige muito esforço dele. Quem está sempre fixado em seus erros desperdiça muita energia.

Por trás do perfeccionismo se encontram diversas necessidades. Em primeiro lugar, a necessidade de fazer tudo bem. Isso é perfeitamente justificável – só que depende da intensidade com que é feito. Outra necessidade é esta: eu gostaria de ser reconhecido por todos. Esse desejo também é compreensível. Porém, quando pensado até as últimas consequências, ele não é realista. Não posso obter o reconhecimento de todos. Não posso ser estimado por todos. Assim, o perfeccionismo é um convite para estar comigo, aceitar a mim mesmo, em vez de esperar reconhecimento dos demais. E o último motivo que está por trás do perfeccionismo é o medo de não ser bom o suficiente, não ser digno de fazer esse trabalho. Temo por mim mesmo, temo não ter merecido obter esse posto em que me encontro. Nesse caso, o perfeccionismo seria o convite para admitir que faço esse trabalho da melhor maneira possível. Porém, não se trata da questão se eu mereci o trabalho ou se sou bom o suficiente. Simplesmente estou ali e faço o meu trabalho. E confio que meu trabalho é bom e traz bênção.

São Bento não exige nenhum perfeccionismo dos seus monges. Ele está ciente dos seus pontos fracos, mas fala do esmero com que os monges fazem seu trabalho e lidam com suas ferramentas de trabalho. O perfeccionismo é como que transformado em esmero:

> O [monge] que vai terminar sua semana faça, no sábado, a limpeza; lave as toalhas com que os irmãos enxugam as mãos e os pés; ambos, tanto o que sai como o que entra, lavem os pés de todos. Devolva aquele ao celeireiro os objetos do seu ofício, limpos e perfeitos; entregue-os outra vez o celeireiro ao que entra, para que saiba o que dá e o que recebe (RB 35,7-11).

São Bento dá valor a que se dê um tratamento cuidadoso às coisas. Esse esmero se refere às toalhas e às ferramentas. Interessante é que, entre o lavar das toalhas e a devolução das ferramentas limpas, São Bento escreve sobre o lava-pés dos irmãos. O lava-pés lembra o serviço que o próprio Jesus prestou aos seus discípulos antes de sua paixão. É um serviço de amor que não só visa a limpar os pés, mas também curá-los de ferimentos. Dar um tratamento cuidadoso às coisas como que dá continuidade ao que acontece no lava-pés: sirvo aos irmãos ao lidar cuidadosamente com as coisas. Toco os pés dos irmãos amorosamente, mas emprego o mesmo jeito amoroso e cuidadoso com as ferramentas e com as coisas da criação. Quando o perfeccionismo é transformado em cuidado e esmero, ele se torna uma fonte boa do nosso trabalho.

Persistência e disciplina

Persistência e disciplina são atitudes absolutamente necessárias no trabalho. Hoje em dia não é tão fácil ser disciplinado no trabalho. Há muitos fatores que nos perturbam e distraem. Ficar constantemente navegando na internet, ter de estar sempre on-line, ficar o tempo todo relanceando o olhar para o tablet para ver se chegou uma nova mensagem, tudo isso nos torna dispersos e impede que nos concentremos plenamente no que estamos fazendo no momento. Dispersão é o oposto de disciplina. Na dispersão estamos em toda parte e em lugar nenhum. A disciplina concentra todas as nossas forças naquilo que estamos trabalhando naquele momento.

Há outra tendência atual que contradiz a virtude da disciplina: queremos sentir o prazer de trabalhar. O trabalho deve ser do nosso agrado. Isso certamente também faz parte do trabalho. Porém, sem disciplina, o trabalho tampouco proporcionará alegria. Hildegard von Bingen escreveu certa vez que disciplina é a arte de ser capaz de alegrar-se sempre. Disciplina vem de *discapere* e significa assumir o comando da própria vida. Não sou escravo de minhas necessidades. Não me deixo simplesmente arrastar nem me torno vítima das circunstâncias. Pelo contrário, assumo o comando da minha vida e lhe dou forma. Mas do ato de dar forma faz parte também o ato de delimitar. Não posso dar forma ilimitadamente. É preciso que seja uma boa forma. E para que uma forma surja, será preciso cortar algo fora. Quando tenho a sensação de viver pessoalmente e não de ser vivido por outros, surge em mim uma alegria interior. Contudo, se trabalhar sem disciplina, eu me irritarei constantemente por ter protelado isso e aquilo ou por não ter resolvido de vez algumas coisas.

A palavra grega para persistência é *hypomoné*, que equivale a aguentar firme e ser paciente. Mas paciência não é algo passivo. Refere-se, muito antes, ao aguentar ativo e à persistência na hora de carregar algo. No Evangelho de Lucas, Jesus diz:

> Pela vossa perseverança salvareis vossas vidas (Lc 21,19).

No grego, está escrito: "Na vossa persistência ganhareis vossa alma". Quem mostrar persistência e aguentar as pressões ganhará sua alma, entrará em contato com ela, sua alma se tornará forte. A alma daquele que ceder, daquele que sempre tem de satisfazer de imediato toda e qualquer necessidade, perderá seu tônus.

Dessa persistência faz parte também a capacidade de esperar. Jesus expressou isso na bela parábola da semente que cresce por si mesma:

> O Reino de Deus é como quando um homem joga a semente na terra. Quer ele durma ou vigie, de dia ou de noite, a semente germina e cresce sem que ele saiba como. É por si mesma que a terra dá fruto, primeiro vêm as folhas, depois a espiga, em seguida o grão que enche a espiga (Mc 4,26-28).

Atualmente estamos perdendo a capacidade de esperar. As empresas querem melhorias e êxitos rápidos. Elaboramos um balanço trimestral para provar que nossas medidas de saneamento se mostram exitosas. No entanto, muitas vezes se trata de um êxito muito efêmero. Ele provoca em nós um estado de tensão que não é salutar. Muito mais significativo é simplesmente esperar que aquilo que semeamos também dê frutos. Porém, não posso observar o fruto todo dia. Primeiro preciso lançar a semente no solo e confiar que algo cresça de modo invisível e então desabroche para todos. Essa qualidade da espera e da persistência faria bem hoje ao nosso modo de operar. Pois ficar impacientemente rearranjando estruturas e pessoas só as machuca e sobrecarrega.

Em sua Regra, São Bento muitas vezes fala sobre a "disciplina". Com esse termo ele se refere, por um lado, à ordem clara que o abade imprime à comunidade e à qual todos os monges devem se ater. Por outro lado, ele descreve a capacidade de pôr a vida em ordem pessoalmente. Assim, ele exorta o abade a mostrar com seu exemplo que leva a sério os mandamentos de Deus. Caso contrário, ele deveria ouvir a advertência:

> Por que narras as minhas leis e anuncias o meu testamento pela tua boca? Tu que odiaste a disciplina e atiraste para trás de ti as minhas palavras (RB 2,14 citando Sl 50,16-17).

Sobretudo às crianças que são educadas no mosteiro deve-se ensinar a disciplina. São Bento pede dos seus monges que:

> A diligência da disciplina e guarda das crianças até quinze anos de idade caiba a todos; mas, também isso, com toda medida e inteligência (RB 70,4-5).

No texto latino consta aqui *"disciplinae diligentia"*, que quer dizer propriamente: amor à disciplina. Portanto, a intenção é despertar nas pessoas jovens o amor à disciplina. Isso soa estranho a nós. Como se pode amar a disciplina? No entanto, quem organiza a sua vida tanto interiormente quanto exteriormente consegue se regozijar na vida. Para ele, a disciplina não é algo duro que lhe é exigido. Pelo contrário, ele sabe que a disciplina lhe faz bem. E assim ele a ama cada vez mais. Sinto isso pessoalmente em minha vida de monge. De um lado, a disciplina me parece como algo imposto. No entanto, do outro lado, sinto que ela me faz bem. E assim eu amo a ordem do dia e a disciplina que a vida no mosteiro exige de mim. A disciplina põe meu interior em ordem. Pois eu sei que dentro de mim não há só ordem, mas que ali também reina o caos. A disciplina estrutura esse caos para que ele não me dilacere, mas crie uma tensão criativa.

Relações

Lidar com pressão e assédio moral

Uma experiência amarga que muitas pessoas fazem atualmente em seu local de trabalho é o chamado *mobbing*, o assédio moral. Os colegas estão contra mim: eles me cerceiam e me excluem de sua comunhão; querem me prejudicar, repassando para mim os trabalhos mais difíceis; falam mal de mim para o chefe; não me cumprimentam quando chego ao escritório pela manhã.

É doloroso ser vítima de *mobbing*. Uma história bíblica mostra que, apesar do *mobbing*, podemos preservar nossa dignidade e transformar a situação difícil em bênção. É a história de José. Ele foi vítima do *mobbing* dos seus irmãos. Eles o odiavam por ser o filho favorito do pai. Alguns dos irmãos queriam matá-lo. No entanto, Judá conseguiu frustrar o assassinato do seu irmão. O único modo que achou para fazer isso foi vender José como escravo para comerciantes midianitas. No entanto, a Bíblia conta que Deus esteve com José. José era muito benquisto pelo seu senhor egípcio. E ele fazia com que, na casa do seu senhor, tudo desse certo. Essa foi a primeira transformação de *mobbing* em bênção. José não se sentiu como vítima. Ele fez da melhor maneira possível o trabalho que lhe foi confiado. E assim tudo resultou em bênção.

Mas então a mulher do seu senhor pôs os olhos nele e quis se deitar com ele. Ele reiteradamente a recusou por fidelidade ao seu senhor. Um dia, porém, quando ninguém estava na casa, ela o agarrou pela túnica e o pressionou a deitar-se com ela. No entanto, José se desvencilhou e deixou sua túnica nas mãos dela. A mulher afirmou, então, que esse escravo hebreu a teria pressionado para se deitar com ele. O senhor de José ficou furioso e mandou jogá-lo na prisão. Repetiu-se a situação de *mobbing*. No entanto, também nesse caso, José transformou a situação. Ele conquistou a boa vontade do diretor da prisão, que lhe confiou muitas tarefas. E repetidamente consta no texto:

> O Senhor fazia prosperar tudo o que ele fazia (Gn 39,23).

O faraó mandou lançar na prisão o chefe dos copeiros e o chefe dos padeiros. José os servia. Então cada um dos dois teve um sonho. José interpretou seus sonhos. E a realidade mostrou que ele os havia interpretado corretamente. Tudo aconteceu como ele havia explicado. O chefe dos copeiros foi reconduzido ao cargo. O chefe dos padeiros foi enforcado. Então o faraó teve um sonho e ninguém era capaz de interpretá-lo. O chefe dos copeiros se lembrou de José e recomendou ao faraó que o consultasse. José interpretou seu sonho. E o faraó ficou tão entusiasmado com isso que o escolheu para ser seu governador.

Ele lhe deu ordem para construir silos de acordo com seu sonho para depositar a colheita abundante e guardá-la para os anos de fome. Assim Deus, mais uma vez, reverteu a situação de *mobbing*. Ou também se pode dizer que José não desanimou quando lhe aconteceu uma injustiça. Ele simplesmente seguiu adiante e foi gentil com as pessoas. E de repente tudo que ele fez deu certo. Ele converte a situação de *mobbing* em situação de bênção.

Isso também é um desafio para nós. O *mobbing* sempre é doloroso. Porém, não posso encorajar as pessoas que o praticam, mas ater-me de modo coerente ao que tenho de fazer. Devo esmerar-me por realizar bem minha tarefa. Se eu fizer isso, poderei confiar que Deus abençoará a obra das minhas mãos e que algum dia as pessoas que estão contra mim deixarão de me intrigar. Se eu entrar no jogo de *mobbing* delas e me sentir como vítima, elas continuarão a fazer isso. Elas sentirão que estão conseguindo provocar algo em mim. Contudo, se eu me limitar a observar o que estão fazendo sem deixar que isso me determine ou influencie, logo elas acharão chato continuar com o jogo. Pois se eu não entrar no jogo, ele perderá o sentido. E talvez os outros algum dia reconheçam que sigo o meu caminho e que esse caminho é abençoado por Deus.

Porém, no trabalho não existe só *mobbing*, mas também simplesmente colegas ou chefes difíceis. Posso ficar me lamentando por ter um chefe complicado ou colegas complicados. Então me sinto como vítima. Não me sinto bem nessa condição. Todo dia vou a contragosto para o trabalho e o trabalho me esgota. Jesus nos mostra, em uma passagem, como podemos lidar criativamente com essa situação. No Sermão da Montanha, Ele diz:

> Se alguém te obrigar a andar uma milha, anda duas com ele (Mt 5,41).

Essa palavra de Jesus se torna compreensível a partir da situação daquela época: a Palestina tinha sido ocupada pelos romanos. Os soldados romanos tinham o direito de obrigar todo judeu a acompanhá-los por uma milha, seja para mostrar-lhes o caminho, seja para carregar a bagagem. É de se imaginar que muitos judeus fizeram isso a contragosto. Eles se sentiram vítimas. Eles eram forçados a atender cada desejo da força de ocupação. Jesus então diz: se um soldado lhe pedir para carregar sua bagagem por uma milha, leve-a por duas milhas. Você entrará em diálogo com o inimigo. E de repente ele sentirá que você não é seu inimigo. Então, no caminho, você poderá fazer dele um amigo.

Aplicado à situação do trabalho isso quer dizer o seguinte: se eu tiver um chefe que constantemente quer algo de mim e às vezes me dá ordens arbitrárias, paro de me queixar dele. Tento me dedicar a ele. Faço mais do que ele exigiu de mim. Então verei como ele reage. Talvez ele note que eu não faço as coisas só por obediência, mas por querer ajudá-lo. Isso pode transformar a relação com ele. Ou recebo uma incumbência difícil. Também nesse caso posso escolher entre sentir-me vítima, porque aparentemente sempre recebo os encargos mais difíceis. Ou posso tomar isso como um desafio. Nesse caso, farei com gosto até mesmo esse encargo difícil. Poderei despertar em mim novas capacidades e energias e crescer com isso.

Outra situação: trabalho em uma equipe. Há alguns ali que fazem corpo mole. Isso resulta em mais trabalho para mim. Posso ver isso como algo injusto e gastar minha energia em distribuir o trabalho de maneira justa. Ou então posso aceitar o desafio e, em vez de mostrar 100% de empenho, posso me empenhar voluntariamente e fazer 120%. Ganho como experiência pessoal os 20% que acrescentei ao trabalho exigido. E esses 20% a mais do que a medida exigida criam novas relações na empresa e aumentam minha competência. Desenvolverei minhas capacidades e terei mais sucesso. Meu empenho se torna um presente para mim mesmo. Naturalmente isso tem limites. Se eu tiver a sensação de que os outros se aproveitam de mim, será importante impor limites e não estimular a acomodação dos outros. Porém, se, a despeito dos colegas acomodados, mostro empenho total, também serei capaz de despertar nos outros o gosto pelo trabalho. Pelo menos eles verão que com mais trabalho estou passando melhor que eles, que de tanto se restringirem não conseguem mostrar sua força.

Jesus não nos dá nenhuma ordem sobre como devemos trabalhar e lidar com chefes ou colegas difíceis. Mas Ele quer despertar nossa criatividade. Quando desembarcamos do nosso papel de vítima e lidamos criativamente com circunstâncias difíceis, nós mesmos somos beneficiados. Converteremos inimigos em amigos. E transformaremos em confiança e prazer o medo de retornar toda manhã a essa difícil situação de trabalho. Vamos gostar de comparecer ao trabalho, porque teremos prazer em transformar situações difíceis.

São Bento ainda não tematiza o *mobbing* propriamente dito. Porém, ele pressupõe que, na vida de um monge, haja situações difíceis que se assemelham ao que hoje chamamos de *mobbing*. No quarto grau da humildade, São Bento descreve como o monge deve reagir a isso. Nesse grau, ele também cita a palavra de Jesus:

> Obrigados a uma milha, andam duas (RB 7,42 citando Mt 5,41).

São Bento descreve assim o monge que exercita o quarto grau da humildade:

> Abrace o monge a paciência, de ânimo sereno, nas coisas duras e adversas, ainda que se lhe tenham dirigido injúrias, e, suportando tudo, não se entregue nem se vá embora, pois diz a Escritura: "Quem perseverar até o fim será salvo" (Mt 10,22). E também: "Que se revigore o teu coração e suporta o Senhor" (Sl 27,14). E a fim de mostrar que quem é fiel deve suportar todas as coisas, mesmo as adversas, pelo Senhor, diz a Escritura, na pessoa dos que sofrem: "Por ti nos matam todos os dias e nos tratam como ovelhas para o matadouro" (Sl 44,23). Seguros na esperança da retribuição divina, prosseguem alegres dizendo: "Mas em tudo isso vencemos por aquele que nos amou" (Rm 8,37) (RB 7,35-39).

A descrição do monge humilde parece ser uma exigência excessiva para nós hoje. Porém, para mim é importante simplesmente experimentar essas sentenças. Então verei se são úteis ou não. Interessante é esta afirmação: em situações em que lhe sucede injustiça, o monge deve abraçar a paciência. Ao abraçar a paciência como uma força que Deus me deu de presente estou comigo mesmo. Nesse caso, a injustiça não conseguirá penetrar no meu coração. Adoto uma atitude interior que me dá sustentação em meio às turbulências da vida.

Em seguida, São Bento cita uma série de passagens bíblicas. O monge deve buscar apoio nas palavras da Bíblia e recitá-las para si mesmo constantemente. Elas lhe proporcionarão uma nova visão da situação de *mobbing*. E elas o fortalecerão para que ele não desista de si mesmo. As palavras não banalizam a situação de injustiça, mas a pintam de fato com cores berrantes. Dizem que somos entregues à morte como ovelhas. As palavras da Bíblia me põem em contato com minha força, com a energia do meu coração. E elas me prometem que – se eu suportar a situação – serei salvo. Em latim consta aqui: "*et salvus erit*", em português: ele será curado, ficará são. Ele sairá são e salvo dessa situação.

É interessante observar que São Bento escolhe aqui palavras bastante aguerridas. Trata-se de versículos bíblicos que foram usados naquele tempo sobretudo pelos mártires como auxílio em seu combate à injustiça. Portanto, São Bento não está chamando à paciência passiva, mas à coragem combativa. Nesse combate à injustiça, atitudes como valentia, paciência firme, força de vontade e confiança são de grande ajuda. Porém, o monge precisa estar ciente que sempre sai dessa luta como vencedor e não como perdedor. Há pessoas que se consideram perdedoras quando se envolvem em situações de *mobbing*. Quando isso acontece, a situação opressiva só tende a piorar. São Bento nos conclama a reagir a ela ativamente e ter gosto pela luta – por uma luta contra a injustiça e não contra as pessoas. Ficamos mais fortes nessa luta e saímos dela mais saudáveis.

Verdade e veracidade

Muitos têm a impressão de que se mente muito no mundo do trabalho. Quando não se quer admitir um erro, ele é atribuído a fatores externos ou aos fornecedores que entregaram uma mercadoria falsificada ou defeituosa. Quando se combina um prazo e já se sabe que não será possível cumpri-lo, faz-se de conta que está tudo acertado. E, quando ele acaba não sendo cumprido, acham-se razões de sobra para explicar por que não foi possível. Ou quando o cliente pergunta o que certo aparelho é capaz de fazer, dá-se respostas pelas quais não há como se responsabilizar diante da própria consciência. O que se quer de qualquer maneira é conseguir o contrato e assim se atribui ao próprio produto qualidades que ele não tem. Em tempos recentes, ficou manifesto que quase todas as indústrias de automóveis maquiaram os valores das emissões e de consumo dos seus automóveis. Nesse caso, onde ficam a verdade e a veracidade?

Há alguns anos fiz uma palestra para profissionais médicos sobre o tema "verdade e veracidade junto ao leito de enfermidade". Muitos médicos evitam contar a verdade para o paciente. Outros, sem levar em conta a situação emocional do paciente, confrontam-no à verdade nua e crua de que não tem mais chance contra a doença. Outros falam de maneira tão nebulosa da doença que, por meio disso, recusam a verdade ao doente.

Um médico me contou que sempre conta a verdade ao paciente, mas nunca sem simultaneamente lhe dar esperança. Esperança é algo distinto de expectativa. Ou seja, o médico não diz para o paciente: "Na semana que vem você estará curado". Muito antes, ele lhe mostra a seriedade da doença; mas, ao mesmo tempo, transmite-lhe esperança. Sempre há esperança de cura. E, acima de tudo, esperança significa que o médico se ocupará do paciente e que o tempo que lhe resta é um tempo valioso.

Só é possível dizer a verdade quando se tem uma boa relação. A palavra alemã para verdade, "*Wahrheit*", significa, a partir de sua raiz indo-germânica: demonstrar favor, amabilidade. E tem a ver com confiança. Dizer a verdade é, portanto, uma demonstração de amabilidade. Porém, eu preciso de uma boa relação, preciso ter confiança no outro e ele em mim para que eu possa lhe conceder o favor da verdade. Não posso jogar a verdade na cara do outro. Sempre devo levar em conta a relação com o outro.

Onde a confiança é grande posso dizer toda a verdade. Onde predomina a desconfiança, não posso dizer a inverdade. Mas tenho de ponderar sabiamente o que dizer para o outro sem mentir nem falsificar a verdade. O que digo tem de ser verdadeiro. Mas não precisa ser toda a verdade. Isso vale não só para a relação entre uma empresa e seus clientes, mas também para o modo como colegas de trabalho se tratam e para o modo de tratar o chefe. Onde reina a confiança também se pode dizer a verdade. Falar a verdade nesse contexto é um favor e não um ato agressivo e acusatório.

O que me ajuda pessoalmente na questão da verdade é a palavra que Jesus disse aos discípulos após sua ressurreição:

Sou eu mesmo (Lc 24,39).

O texto grego diz: *"Egô eimí autós"*. *"Autós"* é o santuário íntimo do ser humano, o lugar sagrado do silêncio no fundo da sua alma, no qual Ele é totalmente Ele mesmo. Ao fazer nosso trabalho, não devemos nos curvar, não devemos apenas nos adaptar por pura consideração. Isso não nos faz bem e acaba com nossa sinceridade. Gosto de sugerir um exercício em que se imaginam determinadas situações no local de trabalho e então se diz para si mesmo: "Sou eu mesmo". Se, em conversa com um cliente para quem quero vender algo, eu puder dizer "sou eu mesmo", aos poucos ficarei mais tranquilo e mais livre. Não estarei mais sob a pressão de ter de vender algo ao outro de qualquer jeito. Encontro-me com ele como eu mesmo. Isso fará bem à conversa visando à venda.

Na condição de celeireiro, eu estive durante 36 anos ligado à função de compras. Mas nunca comprei nada de um representante comercial que quisesse me passar a conversa, que tentasse me convencer a comprar algo de qualquer maneira. Só onde surgiu uma relação, onde vivenciei o outro como ele mesmo, como pessoa concreta em sua peculiaridade, só ali ganhei confiança para comprar aquilo que ele me recomendou. O exercício do "sou eu mesmo" alivia a situação de ter de vender algo de qualquer maneira. Torno-me mais tranquilo e mais autêntico.

Isso faz bem para mim e, no final das contas, também para a empresa para a qual trabalho.

Quando trabalho com colegas também sempre posso dizer: "Sou eu mesmo". Então a convivência se torna mais transparente e menos tensa. Desaparece a pressão de ter de fazer uma boa figura diante de todos e ser querido por todos. E sou capaz de ser mais autêntico no meu encontro com o outro. Também diante do chefe posso dizer: "Sou eu mesmo". Então o chefe não determinará mais o meu ânimo. Ele não terá mais poder sobre mim. Encontro-me com ele no mesmo nível. Permito que ele seja inteiramente humano. E permito-me ser eu mesmo. Não preciso provar o que sou para o meu chefe. Não preciso mostrar, cheio de temor, que estou fazendo tudo certinho. Quando tenho a coragem de ser eu mesmo, posso dizer a verdade, sem temer que ela me faça mal. Naturalmente aqui, ao lado da veracidade, também é preciso ter a inteligência dotada do senso para saber como dizer a verdade ao chefe e o que dizer a ele. Mas não estou mais sob pressão de ter de mentir para fazer uma boa figura diante dele. Eu me afirmo como sou, sem depender da permissão de outros.

Jesus diz:

A verdade vos libertará (Jo 8,32).

Isso também vale para o trato com a verdade em uma empresa. Onde se diz a verdade reina a liberdade. Sempre é o medo que nos impede de dizer a verdade. Pois temos medo de não fazer uma boa figura ou medo de perder um contrato. No entanto, os numerosos escândalos de fraudes revelados pela imprensa mostraram que a verdade também é economicamente vantajosa. Uma empresa que comete fraude não subsistirá a médio e longo prazos. Por isso é tão importante criar um espaço de confiança. Onde a veracidade se associa à misericórdia e à justiça surge um espaço de confiança. Se na Volkswagen (e supostamente também em muitas outras indústrias automobilísticas) tivesse surgido esse espaço de confiança, os engenheiros poderiam ter dito a verdade aos chefes. Sem isso, porém, eles temeram a verdade, pois sabiam que na Volkswagen a verdade não estava associada com a misericórdia e a justiça. Pelo contrário, a vontade do chefe era a norma suprema. O chefe não estava interessado na verdade, mas unicamente no sucesso. E quem não conseguiu obter sucesso foi tratado de maneira implacável. Nesse contexto, ninguém mais atentou para a justiça. Não se fez mais justiça aos colegas de trabalho individuais, mas eles foram sacrificados à própria pressão para obter sucesso. Nessa atmosfera de medo não surgem soluções criativas, mas só resta a possibilidade de fraudar. No entanto, isso não compensa a longo prazo.

São Bento exorta os monges a serem verídicos justamente no que se refere ao trabalho. Um tipo de veracidade consiste em evitar a fraude. São Bento adverte em relação à tentação de cometer fraude com o que se produziu. A fraude consistiria em apresentar o resultado melhor do que é na realidade. Atualmente essa tendência é muito difundida. Não é mais a qualidade do produto ou do meu trabalho que importa, mas por quanto poderei vender o produto ou meu trabalho. Outro modo de veracidade se torna visível na exortação de São Bento à humildade:

> Se houver artífices no mosteiro, que executem suas artes com toda a humildade, se o abade o permitir. E se algum dentre eles se ensoberbecer em vista do conhecimento que tem de sua arte, pois parece-lhe que com isso alguma vantagem traz ao mosteiro, que seja esse tal afastado de sua arte e não volte a ela a não ser que se humilhe e o abade volte a permitir (RB 57,1-3).

O que tem a ver a humildade com a verdade? Humildade como *humilitas* significa que estou em contato com o que faço, que estou próximo da terra, próximo do produto. Não uso o produto para apresentar a mim mesmo. Não uso o meu trabalho indevidamente para colocar a mim mesmo em evidência.

Sempre que se tratar do meu ego, o trabalho será falsificado. Nesse caso, não me dissolvo no trabalho, não me dedico a ele, mas faço uso dele para melhorar a imagem do meu ego. Mas isso é falta de veracidade. Encontramos essa falta de veracidade com frequência nas empresas. Ali há colegas de trabalho que se apresentam bem exteriormente. Eles põem alguma coisa em movimento, mas não para o proveito da empresa, e sim para chamar a atenção para si mesmos. Um diretor de oficina mudou a estrutura de sua oficina para galgar mais alguns degraus na sua carreira. Ele foi bem-sucedido porque os chefes deduziram disso que ele poderia pôr alguma coisa em movimento. No entanto, seu sucessor teve de desfazer tudo o que ele havia mudado, pois viu que não passara de uma bolha de sabão. No final das contas, compensa ater-se com humildade ao trabalho e envolver-se com ele sem precisar aparentar algo.

Justiça

Para que as relações dentro da empresa sejam bem-sucedidas é preciso que reine justiça. "Quem semeia justiça colherá paz", diz o Profeta Amós. Onde o chefe trata injustamente os colegas de trabalho surgem inveja e intrigas. E há perdas por atritos. O mesmo se aplica aos colegas de trabalho. Eles também devem agir de modo justo entre si. Eles devem ser justos consigo e com os colegas. Justiça também quer dizer: dar o justo valor ao indivíduo. Quando deprecio outros, crio um clima de insatisfação e medo. Só onde trato as pessoas com justiça surge um bom clima de convívio.

No entanto, não existe justiça absoluta. Jesus diz:

> Bem-aventurados os que têm fome e sede de justiça (Mt 5,6).

Há fanáticos por justiça que estão sempre girando em torno da questão se tudo está acontecendo de maneira justa. Eles muitas vezes são muito agressivos e podem dividir uma empresa. Outros estão fixados em que se faça justiça com eles. Estão sempre se comparando com os demais, perguntando, por exemplo, quanto o outro ganha. Então comparam seu salário com o dele e chegam a um resultado injusto. Ou comparam seu desempenho com o desempenho de outros e sempre exigem justiça absoluta na distribuição do trabalho. Isso muitas vezes leva a tensões e desconfiança.

A justiça que Jesus exige de nós muitas vezes é diferente daquela que nós reivindicamos. Isso fica evidente, por exemplo, na famosa Parábola dos Trabalhadores na Vinha. O proprietário da vinha sai cedo de casa para contratar trabalhadores para a sua vinha. Isso era bem normal naquela época. Não se tinha empregados fixos. Quando chegava a época do trabalho na vinha, buscava-se trabalhadores que ofereciam seu serviço no mercado. O dono da vinha sente que os trabalhadores da primeira hora (das sete horas da manhã) não conseguirão fazer o trabalho sozinhos. Assim ele volta ao mercado na terceira hora (às nove horas), na sexta e na nona hora para contratar mais trabalhadores para a sua vinha. Incomum é que ele vai mais uma vez ao mercado por volta da décima primeira hora (às 17 horas; às 18 horas terminava a jornada de trabalho). Ele repreende os que estão parados lá sem fazer nada. Eles, no entanto, dizem:

Ninguém nos contratou (Mt 20,7).

Portanto, não foi culpa deles não terem encontrado trabalho. Ninguém os empregara. Eles se sentiam inúteis. Tanto maior é sua alegria por poderem trabalhar pelo menos uma hora e ainda ganhar alguma coisa. Até aqui tudo bem. Mas então acontece uma reviravolta na parábola. Às 18 horas, o dono da vinha manda vir primeiro os trabalhadores da última hora e lhes paga o mesmo salário que combinara com os trabalhadores da primeira hora. Isso naturalmente irritou os trabalhadores da primeira hora. Eles compararam seu trabalho com o trabalho dos demais e se sentiram injustiçados. No entanto, o dono da vinha diz a um deles:

Amigo, não te faço injustiça. Não foi esta a diária que acertaste comigo? Toma, pois, o que é teu e vai embora. Quero dar também ao último o mesmo que a ti. Não posso fazer com os meus bens o que eu quero? Ou me olhas com inveja por eu ser bom? (Mt 20,13-25).

Muitos ao escutarem essa parábola dizem: não pode ser assim. Isso é injusto. Eles sentem resistência dentro de si. Porém, Jesus quer nos provocar com essa parábola. Em primeiro lugar, Ele quer usar a situação no trabalho como símbolo de nossa relação com Deus. Diante de Deus não podemos creditar a nós mesmos o quanto fomos bons na vida e cumprimos todos os mandamentos de Deus. Diante de Deus vale tão somente o quanto nos envolvemos com aquilo que Ele nos acha capazes de fazer e nos confia. Só assim nossa vida será bem-sucedida. Aquele denário é símbolo da vida bem-sucedida. Se olharmos para aqueles que, no princípio sem ter fé, viveram apenas por viver, temos a sensação de que perdemos algo. Não teríamos desfrutado da vida tanto quanto os demais. E agora eles são recompensados por Deus da mesma forma. Jesus nos exorta a trilhar nosso caminho até Deus sem olhar para os demais e sem nos comparar com os demais. Ele também quer mostrar que a vida vivida por si só já é recompensa. É melhor viver do que ficar parado sem fazer nada.

Claro que também é possível explicar essa parábola em vista da situação no trabalho. Nesse caso, Jesus nos exorta a dedicar-nos ao trabalho que nos foi destinado sem compará-lo constantemente com o trabalho de outros. Quando me dedico ao meu trabalho, ele também me traz alegria. Então não fico considerando o esforço. E não comparo meu trabalho com o daqueles que trabalham menos e ganham a mesma coisa. Não me importo só com o que vou ganhar, mas também com o significado do meu trabalho. Quando me dedico ao trabalho, ele é recompensa suficiente para mim. Não preciso acrescentar a ele o reconhecimento dos demais. Naturalmente Jesus não quer legitimar relações injustas em empresas. Mas Ele quer desviar nosso olhar da fixação pela justiça, para que estejamos conosco mesmos. Quando estamos conosco mesmos no trabalho, também deixamos os demais serem como são sem lançar olhares invejosos para eles.

Nessa parábola, Jesus associa justiça como misericórdia. Na sociedade capitalista, os fortes são sempre os que acham trabalho primeiro. Os fracos praticamente não têm chance de viver bem sua vida. Nessa parábola, Jesus dirige nosso olhar para os fracos. Muitas vezes temos em relação aos trabalhadores que ainda estavam parados no mercado à tarde os mesmos preconceitos que tinham os trabalhadores da primeira hora. Achamos que eles eram indolentes e por isso não encontraram trabalho. Mas nós não vemos com profundidade dentro de suas almas. Jesus abre nossos olhos com essa parábola para não vermos os que não têm trabalho simplesmente como pessoas preguiçosas, mas para que reconheçamos a necessidade pela qual estão passando. Não devemos ver os refugiados simplesmente como pessoas que tiram nosso trabalho, mas como pessoas que estão urgentemente precisando de trabalho para poderem sobreviver. Assim, Jesus nos exorta a despedir-nos da justiça absoluta e associar justiça com misericórdia.

Eu gosto de trabalhar. E também sinto que meu trabalho me recompensa. Obtenho reconhecimento das pessoas quando faço um curso. Quando deixo a Parábola dos Trabalhadores na Vinha agir em mim, reconheço que ela revela em mim sentimentos inconscientes de inveja. Às vezes chego a pensar: ganho dinheiro pelos meus confrades. E alguns se aproveitam disso para ficar numa boa. A parábola revela o que existe de sentimentos abaixo da superfície, em meu coração. E me exorta a dedicar-me grato ao trabalho que me foi destinado. Então o próprio trabalho é a recompensa. E não sinto necessidade de me comparar com aqueles que trabalham menos. Sobretudo sinto então também que a situação dos que trabalham menos não é melhor, antes é pior, porque não obtêm tanto reconhecimento e porque não estão satisfeitos com o que fazem.

São Bento fala de justiça sobretudo no capítulo sobre o abade. O abade deve dizer com o salmista:

> Não escondi tua justiça no fundo do coração, falei de tua fidelidade e de tua salvação (RB 2,9 citando Sl 40,11).

São Bento tem em mente a justiça de Deus: que diante de Deus tudo fica certo, tudo é arranjado de tal forma que corresponde à vontade de Deus. No entanto, a justiça divina precisa ser complementada por "fidelidade e salvação". O abade, a exemplo de Jesus, também deve preocupar-se exatamente com os fracos. A justiça que São Bento exige dele deve se expressar em tratar os monges de maneira justa, em criar estruturas justas. São Bento exorta o abade nos seguintes termos:

> Que não seja feita por ele distinção de pessoas no mosteiro. Que um não seja mais amado que outro, a não ser aquele que for reconhecido melhor nas boas ações ou na obediência. Não anteponha o nascido livre ao originário de condição servil, a não ser que exista outra causa razoável para isso; pois se parecer ao abade que deve fazê-lo por questão de justiça, ele o fará seja qual for a condição social; caso contrário, mantenham todos seus próprios lugares, porque, servo ou livre, somos todos um em Cristo e sob um só Senhor caminhamos submissos na mesma milícia de servidão: "Porque não há em Deus acepção de pessoas" (RB 2,16-20).

O abade não deve diferenciar o tratamento dado aos seus monges. Cada ser humano tem igual dignidade. Fazer justiça é tratar de maneira justa a dignidade de cada um. Porém, para São Bento, tratar com justiça não equivale a um nivelamento absoluto. Ele está ciente de que sempre existem exceções. A hierarquia é fixada pela data de ingresso. Porém, há razões justas para abstrair dessa ordem clara. Assim, São Bento sempre entende justiça também como a capacidade de tratar o ser humano com justiça em sua respectiva situação. Mas essa justiça não pode ser turvada por predileções. Ela necessita de fundamentos racionais que os monges podem entender. Quando certos colegas de trabalho são preferidos em uma empresa, surgem atritos, insatisfação e inveja. Justiça produz paz na comunidade. E é responsabilidade do abade e respectivamente da liderança na empresa cuidar para que reine justiça e todos sejam tratados de modo justo. Liderar de modo a fazer justiça a todas as pessoas na situação específica de cada uma é uma arte para si.

Amor ao próximo

Muitos acham que no mundo do trabalho não há espaço para o amor ao próximo. Ali o que importa é desempenho e sucesso, competição e rivalidade, ao passo que o amor ao próximo não entraria em cogitação e seria um corpo estranho. Para mim, no entanto, o clima em uma empresa é decisivamente marcado pelo fato de o chefe amar seus colaboradores. Nem sempre o amor precisa se expressar por meio de emoções. Porém, uma liderança precisa tratar seus colaboradores com boa vontade, tem de gostar deles. Nesse caso, eles também gostarão muito mais de trabalhar. Mas o amor ao próximo também vale para os colaboradores entre si. Toda manhã, no caminho para o trabalho, devo repetir para mim mesmo: eles são meus colegas. Gosto deles. Procuro aceitá-los, tratá-los com boa vontade. Assim, o amor ao próximo produzirá um clima que faz bem para mim mesmo e no qual os outros gostam de trabalhar. Portanto, o amor ao próximo faz bem a todos nós.

Não devemos interpretar o amor em termos demasiado teológicos. O amor se refere simplesmente ao vínculo entre os colegas de trabalho. Não trabalho simplesmente ao lado de outros, mas com eles. E sinto-me ligado a eles. A pesquisa sobre o cérebro diz que o cérebro da criança se desenvolve melhor em vinculação com o pai e a mãe. Isso também vale para uma empresa. Onde colaboradores e lideranças se sentem ligados entre si, eles são mais criativos, seu cérebro desenvolve novas sinapses, ideias novas surgem. Na empresa em que a direção gera um clima de medo, a criatividade não brota, a única coisa que viceja ali é a fraude. E isso prejudica uma empresa a longo prazo.

Jesus não só nos conclama a praticar o amor ao próximo. Ele também nos mostra, na narrativa do bom samaritano, como isso pode se dar concretamente:

Um homem foi atacado por salteadores, saqueado e espancado. Nesse estado, ele ficou caído à beira da estrada. Um sacerdote e um levita que transitavam por ali se desviaram para o outro lado da estrada e passaram por ele sem lhe dar atenção. Não se interessaram por saber como o outro estava. O mais importante era dar conta do seu trabalho, seu serviço sacerdotal no Templo. Do ponto de vista de uma ética profissional que enfatiza sobretudo o dever, não se pode culpar os dois por nada. Eles se limitaram a cumprir seu dever. O homem caído ali na beira da estrada só os estorvou no cumprimento do dever. Um samaritano em viagem e que, portanto, também tinha um destino certo viu o homem:

> Ele ficou com pena dele. Aproximou-se, tratou das feridas, derramando nelas azeite e vinho. Depois colocou-o em cima da própria montaria, conduziu-o à pensão e cuidou dele. Pela manhã, tirando duas moedas de prata, deu-as ao dono da pensão e disse-lhe: "Cuida dele e o que gastares a mais, na volta te pagarei" (Lc 10,33-35).

Amor ao próximo não é algo genérico. É fácil dizer que amo todo mundo, que amo meus colegas de trabalho. Porém, o amor ao próximo se mostra concretamente quando um dos colegas de trabalho cai em poder dos salteadores, quando ele não está bem, quando é saqueado, exposto, quando se sente privado de sua dignidade, quando o destino roubou tudo dele: sua saúde, sua família, suas amizades. Portanto, amor ao próximo significa em primeiro lugar prestar atenção nas pessoas que trabalham ao meu lado. Como elas estão? Há alguém que caiu em poder dos salteadores? Quando seu desempenho diminui, isso se deve só à indolência ou não consegue fazer mais por se sentir saqueado?

Prestar atenção nos colegas de trabalho é o primeiro passo. O segundo passo é a reação. O samaritano se compadeceu do homem. Ele sentiu com ele. Não foi indiferente a ele. Foi até ele e derramou óleo e vinho nas suas feridas. Não expõe as feridas, mas as cobre com seu amor e cuidado. Mas também faz força. Levanta o homem e o põe sobre sua montaria. Ou seja, meteu a mão na massa com vontade para ajudá-lo. Em seguida, leva-o a uma pensão. Ele sabe que não pode ajudar o homem por muito tempo, pois ele necessita de ajuda profissional. Sentimo-nos aliviados por saber que não precisamos ajudar para sempre o colega de trabalho ao nosso lado que não passa bem. Devemos apenas dar o primeiro passo, ir ao encontro dele e despender o que pudermos em termos de cuidado, amor, compreensão e apoio. E então devemos buscar o que efetivamente pode ajudá--lo. Talvez ele precise de um tratamento, uma terapia ou uma pausa. Mas o samaritano não deixa o homem simplesmente ali caído. E diz para o dono da pensão que pagaria mais pelo homem, caso a despesa fosse maior.

Muitos têm medo de exercitar o amor ao próximo com os colegas, por acharem que isso os sobrecarregaria. E teriam de assumir a responsabilidade por eles por toda a vida. No entanto, o amor ao próximo sempre deve corresponder também às possibilidades que temos. Devemos fazer o que pudermos, mas também aceitar nossas limitações. Não somos nós que vamos curar o outro. Nós só podemos criar condições favoráveis à cura. Isso pode ser ajuda profissional em forma de tratamento ou terapia. Ou então ajuda espiritual, levando os colegas de trabalho até a pensão, até o espaço em que ele poderá experimentar a proximidade curativa de Deus. Podemos oferecer a ele o que nos ajuda em caso de doença ou necessidade: que compareçamos diante de Deus com nossas necessidades e confiamos que sua força curativa e fortalecedora flua para dentro de nós.

No final da parábola, Jesus formula a seguinte pergunta:

> Quem desses três se tornou o próximo daquele que caiu nas mãos dos assaltantes? (Lc 10,36).

Nós pensamos que o homem assaltado é o próximo a quem devemos ajudar. Jesus, no entanto, formula a pergunta de maneira diferente. Ele nos conclama a adotar a perspectiva da pessoa que sofre e nos perguntar o que ela precisa. Ela anseia por alguém que se torne seu próximo, que se aproxime dela e se envolva com ela.

Mas a parábola de Jesus quer chamar a nossa atenção para outra coisa ainda: às vezes, as próprias empresas se convertem em salteadores que saqueiam outras pessoas. Isso vale para empresas que exploram seus colaboradores e depois os deixam jogados na beira da estrada, quando adoecem devido ao trabalho excessivo. E vale também para empresas que fabricam produtos que põem em risco a saúde e o bem-estar dos clientes. Elas só se preocupam com o sucesso, mas não com as consequências dele para seus clientes.

Na empresa em que o amor ao próximo é vivido desse modo bem concreto, como Jesus narra na história do bom samaritano, as pessoas não se sentem relegadas a si mesmas. Elas se sentem apoiadas pelos demais e pelas lideranças. Isso gera um clima de confiança. Tira dos colegas de trabalho o medo de que venham a cair nas mãos de salteadores, que venham a ser acometidos de depressão ou outra enfermidade e então fiquem atirados na beira da estrada por não prestarem mais para nada. O amor ao próximo praticado cria solidariedade entre os colegas de trabalho e gera um clima bom na empresa, que a longo prazo redunda em bênção tanto para a empresa quanto para os colaboradores.

São Bento exige o amor ao próximo sobretudo do abade:

> Reconhecerá, pois, ter recebido a cura das almas enfermas, e não a tirania sobre as sãs; tema a ameaça do profeta, através da qual Deus nos diz: "o que vistes gordo assumistes e o que era fraco lançastes fora" (Ez 34,3-4). Imite o pio exemplo do bom pastor que, deixando as noventa e nove ovelhas nos montes, saiu a procurar uma única ovelha que desgarrara, de cuja fraqueza a tal ponto se compadeceu, que se dignou colocá-la em seus sagrados ombros e assim trazê-la de novo ao aprisco (RB 27,6-9; cf. Lc 15,4).

O abade, portanto, deve cuidar sobretudo dos membros fracos, daqueles que caíram nas mãos dos salteadores. Eles precisam de sua ajuda em especial. Ele deve tratá-los como membros plenos e, a exemplo de Jesus, carregá-los nos ombros como fez também o samaritano com o homem ferido ao levantá-lo sobre os ombros para colocá-lo em cima da sua montaria.

Contudo, São Bento exige o amor ao próximo de todos os irmãos. Ele enfatiza isso no seu último capítulo, como síntese de toda a Regra. Os irmãos

> antecipem-se uns aos outros em honra. Tolerem com toda paciência suas fraquezas, quer do corpo quer do caráter; rivalizem em prestar mútua obediência; ninguém procure aquilo que julga útil para si; mas, principalmente, o que o é para o outro; ponham em ação abnegadamente a caridade fraterna (RB 72,4-8).

O que São Bento exige aqui certamente é um ideal. Porém, é esse ideal que os monges devem ter diante dos olhos quando pensam nos seus confrades, sobretudo naqueles que são fracos e precisam de ajuda. Mesmo que de resto São Bento escreva de maneira mais sóbria sobre sua comunidade, na qual ele constantemente também conta com conflitos, no final de sua Regra ele conclama os monges a buscar acima de tudo o amor fraternal. Este é a condição para que uma comunidade consiga conviver bem a longo prazo.

Cooperação e rivalidade

A Bíblia nos conta histórias de rivalidade e inveja nas mais diferentes constelações. A primeira delas é a história de Caim e Abel, uma história de rivalidade entre dois homens que, ao mesmo tempo, são irmãos. Os dois irmãos têm diferentes ocupações. Abel é pastor de ovelhas e Caim agricultor. Quanto a isso já começa a aparecer a inveja entre eles. Cada qual pensa que sua profissão é a mais importante. O agricultor se sente em desvantagem. Ele tem a sensação de que seu trabalho é mais duro, de que é mais fácil ser pastor de ovelhas. Ambos trazem uma oferta a Deus. A Bíblia diz que Deus aceita a oferta de Abel e não aceita a de Caim. Para nós, isso é injusto e arbitrário. No entanto, também podemos interpretar essa passagem da perspectiva de Caim e Abel. Caim tinha a sensação de não ser tão reconhecido e que seu irmão Abel estava com as melhores cartas na mão: ser pastor de ovelhas é mais fácil do que ser agricultor. Como agricultor ele tem de trabalhar muito mais e, além disso, precisa se debater com as condições climáticas e o estado do solo. Ele precisa trabalhar suando o rosto. Certamente isso é inveja do irmão. O outro é preferido, por Deus, pelo pai e pela mãe, pela vizinhança. Sua vida é melhor e mais fácil. Quando se deu conta de que a vida de Abel era melhor, "Caim se enfureceu e ficou com o rosto abatido" (Gn 4,5). Deus lhe dirige a palavra:

> Não é verdade que, se fizeres o bem, andarás de cabeça erguida? Mas se não o fizeres, o pecado não estará à porta, espreitando-te como um assaltante? Ele está a fim de te pegar, mas tu terás de dominá-lo! (Gn 4,6-7).

Deus percebe que Caim está sendo atormentado por sentimentos de inveja. Porém, é da sua alçada dominar esses sentimentos. No entanto, Caim não dá ouvidos a Deus. A inveja é tão profunda que não consegue dominá-la nem a transformar. Assim, ele dá vazão à sua inveja, matando seu irmão Abel. No entanto, a culpa que ele passa a carregar não acaba com sua inveja. Pelo contrário, a culpa o leva a vagar pela terra sem paz e sem descanso.

Quem, em uma empresa, movido pela inveja lançar alguém ao mar não terá mais paz. Considerando o aspecto exterior, talvez ele tenha vantagens, por exemplo, a de ser promovido. Mas os sentimentos de culpa interiores não lhe darão sossego. Não se transforma em bênção exteriorizar a rivalidade às custas do outro, deixar que minha inveja corra solta. Prejudico a mim mesmo e outros. E acumula ainda outra pena quem prejudica o outro por inveja:

> Quando cultivares o solo, ele te negará o sustento (Gn 4,12).

O trabalho realizado pelo colega de trabalho invejoso não redundará em bênção. Ele trabalhará muito e talvez até suba na carreira. Mas seu trabalho não trará fruto. Nada florescerá. Ele não ganhará nada por ter se livrado do seu rival.

Outra história de rivalidade trata de homens e mulheres. Moisés tem um irmão, Aarão, e uma irmã, Maria. Os três lideravam o povo, mas Moisés era o líder propriamente dito. Por certo tempo, os três se completavam em sua tarefa de liderar. Mas então Maria e Aarão ficaram com ciúmes de Moisés. Eles falaram mal do seu irmão. Eles se irritaram porque ele tinha uma esposa etíope, ou seja, estrangeira. E falaram entre si:

> Acaso o Senhor só fala por Moisés? Não fala também por meio de nós? (Nm 12,2).

Eles ficaram com inveja de Moisés porque Deus falava principalmente com ele e porque o povo se dirigia a ele sempre que havia problemas. Eles achavam que eram tão bons quanto Moisés e que Deus falaria com eles exatamente da mesma maneira. Eles teriam a mesma experiência espiritual que Moisés. Os dois procuraram algo com que pudessem desmerecer seu irmão. No entanto, a razão propriamente dita do desmerecimento foi o fato de ele ter uma esposa estrangeira. Ou seja, Moisés não se ateve estritamente às leis judaicas. Ele tomou a liberdade de se casar com uma estrangeira. Para Aarão e Maria isso era motivo de escândalo. Por isso se rebelaram contra Moisés e falaram mal dele. Porém, Deus repreendeu Aarão e Maria. Ele lhes disse que fala cara a cara somente com Moisés. Ou seja, Ele confirmou a posição especial de Moisés. O castigo que Maria recebeu pela rebelião e pelo falatório contra Moisés foi ficar branca como a neve. Ela ficou leprosa. A insatisfação que ela expressou no falatório contra seu irmão se tornou visível em seu corpo. Ela deixou de se sentir bem dentro da própria pele. Moisés não bancou o ofendido por causa do falatório da irmã e do irmão, mas intercedeu pela irmã. Ele clamou a Deus para que curasse sua irmã. No entanto, Deus exigiu que ela ficasse sete dias afastada do acampamento. Só depois disso ela foi curada e lhe foi permitido retornar à comunidade.

Aqui novamente se trata da inveja entre irmãos, mas ao mesmo tempo da inveja entre homens e mulheres. Essa inveja se exterioriza de muitas maneiras nas empresas. Muitas vezes a rivalidade tem a ver com a própria imagem que se tem dos homens ou das mulheres. Quando um homem tem medo de mulheres, ele tende a rebaixá-las. Ele faz piadas sobre elas, fala do corpo delas e as ofende. Ou quando uma mulher tem problemas com homens, ela combate os colegas do sexo masculino e sempre procura se impor a eles. Isso muitas vezes é muito desgastante para ambos os lados. Na história bíblica, o irmão e a irmã se aliaram contra o irmão que detinha um papel de destaque. Em empresas também ocorre que um homem e uma mulher se aliam para desqualificar ou prejudicar outra pessoa. No entanto, a história bíblica nos diz que isso não redunda em bênção. Pelo contrário, o que faço ao outro fica grudado em mim. A minha insatisfação pode ser vista já no meu semblante, em minha voz, em toda a aura que irradio. E essa aura muitas vezes é como a lepra. Ela exclui o invejoso da comunidade. Ninguém quer ter nada a ver com ele. Ele isola a si mesmo.

As duas histórias bíblicas nos exortam a cooperar uns com os outros em vez de lutar uns contra os outros e prejudicar uns aos outros. Moisés, Aarão e Maria voltam a trabalhar juntos. Eles se completam. Aarão é o porta-voz de Moisés porque este tem dificuldade de falar diante do povo. E Maria entra com o lado feminino da liderança. Desse modo, os três irmãos conseguem levar o povo até a fronteira da Terra Prometida, até a terra onde serão livres, onde eles próprios colherão o que cultivarem, onde poderão conviver em paz. Cooperação significa que cada qual trabalha fazendo o que pode, mas que o trabalho do indivíduo se soma ao do outro, que se trabalha junto por um objetivo comum. Para Moisés, Aarão e Maria o objetivo era chegar na Terra Prometida. Para uma empresa o objetivo consiste em chegar à paz e produzir fruto. Quando cessarem as lutas causadas pela inveja e rivalidade, surgirá uma nova convivência que terá êxito também exteriormente. A convivência será abençoada.

O pressuposto para que Moisés, Aarão e Maria voltassem a cooperar foi a atitude de Moisés. A respeito dele, o Livro dos Números diz:

> Moisés era homem muito humilde, mais do que qualquer pessoa sobre a terra (Nm 12,3).

Moisés, portanto, não reagiu com contramedidas a seu irmão e sua irmã que haviam se rebelado contra ele. Pelo contrário, ele aguentou tudo com muita humildade. Humildade se refere à coragem de aceitar a própria humanidade, de não se elevar acima dos demais. Os monges antigos – principalmente Evágrio Pôntico – traduzem a passagem com a palavra "manso". Moisés era o mais manso de todos os seres humanos. O termo alemão para manso, "*sanft*", deriva de "*sammeln*", reunir. Manso é quem tem a coragem de reunir tudo o que há dentro de si. Ele reúne dentro de si seus pontos fortes e seus pontos fracos, seus lados luminosos e seus lados obscuros, seu entendimento e seus sentimentos, tudo o que aconteceu na história de sua vida.

Quem reúne tudo dentro de si é capaz de reunir também as pessoas que estão contra ele. Ele não provocará cisão. Ele sente, muito antes, que tudo que os outros combatem nele também está dentro dele e nos outros. Ele reúne tudo no amor. Assim também pode surgir a reunião das pessoas que estão cindidas em si mesmas e que projetam seus problemas sobre o chefe – sobre Moisés. Assim, a cooperação sempre exige de mim também um trabalho espiritual em mim mesmo. A exemplo de Moisés, devo tentar me tornar humilde e manso, aceitar-me como sou, com tudo que faz parte de mim. Então também me tornarei capaz de uma cooperação que promove a convivência de todos os colegas de trabalho.

Nem todas as lideranças reagem de modo tão maduro e espiritual como Moisés. Muitas vezes elas se aproveitam da inveja entre os colaboradores para fortalecer sua posição e permitem que os colaboradores extravasem sua inveja. Eles não estão interessados no bem da empresa, mas na própria vantagem, em sua popularidade e seu reconhecimento. Na realidade, porém, eles provocam cisão na empresa. Eles não estão interessados em expor e curar a inveja e o ciúme.

São Bento sabe que existe inveja em sua comunidade. Por isso, ele adverte todos os monges para:

Não exercer a inveja (RB 4,67).

Porém, São Bento trata do tema "inveja" principalmente no capítulo sobre o prior, o representante do abade. Em razão de o prior ser investido no cargo pelo mesmo bispo que investe o abade, há priores que pretendem ter a mesma importância que o abade:

Daí são suscitadas invejas, brigas, detrações, rivalidades, dissensões, desordens, pois, enquanto o abade e o prior sentem de maneira diferente, necessariamente, sob esta dissensão, perigam suas almas (RB 65,7-8).

Quando o abade e o prior têm inveja um do outro, isso faz mal à própria alma de ambos. E surge uma atmosfera que provoca cisão na comunidade. Em vista disso, São Bento propõe duas regras para superar a inveja entre prior e abade:

O primeiro conselho é de cunho organizacional. O próprio abade, em sintonia com o conselho dos irmãos tementes a Deus, deve eleger e investir um deles como prior. Isso diminuirá o ensejo para a inveja. O segundo conselho se refere ao comportamento de liderança do abade. Se o prior extravasar sua inveja e se opuser ao abade, este deve agir e repreender o prior no máximo quatro vezes. Se nada disso resolver, ele deve destituí-lo do seu cargo. No entanto, São Bento adverte o abade a que, em seu procedimento, cuide

> para que não aconteça que a chama da inveja e do ciúme queime a sua alma (RB 65,22).

Portanto, ele deve cuidar para não reagir com inveja à inveja do prior. Sua autoridade deve estar livre de sentimentos de inveja. Caso contrário, o abade padecerá na própria alma. A inveja não fará bem nem a ele nem a toda a comunidade. Pois a comunidade sentirá que o abade tem uma reação invejosa a um irmão capaz.

Trabalho em equipe

Pontos fracos e pontos fortes

Hoje em dia, trabalho geralmente é trabalho em equipe. Os colegas de trabalho formam uma equipe que unida dá conta de uma tarefa. Para isso, é necessário que cada indivíduo tenha a capacidade de integrar uma equipe. Além disso, é importante escolher criteriosamente os membros da equipe. A diversidade dos caracteres pode representar uma chance para uma equipe. Não é necessário que todos pensem do mesmo modo. Justamente quando há caracteres diferentes em uma equipe, pode surgir uma tensão saudável que acrescentará criatividade à equipe. As diferentes perspectivas podem enriquecer o trabalho em equipe.

Porém, também existem caracteres que não se coadunam, que bloqueiam uma equipe. Isso nos mostra a história da Igreja primitiva. Nos Atos dos Apóstolos, Lucas conta que Paulo e Barnabé trabalhavam bem juntos. Eles tinham sido muito bem-sucedidos em sua primeira viagem missionária. Barnabé havia apresentado Paulo ao círculo dos apóstolos em Jerusalém e feito com que os apóstolos perdessem o medo do perseguidor dos cristãos. Ambos tiveram um desempenho exitoso no Concílio de Jerusalém e lograram obter uma boa solução para os cristãos gentios. Mas então houve um desentendimento entre eles que levou a uma nova composição da equipe. Paulo quis partir novamente com Barnabé para visitar as comunidades em que estiveram durante a primeira viagem missionária e fortalecê-las na fé.

> Barnabé queria levar também João, chamado Marcos. Paulo, porém, achava que não devia levá-lo por-

que ele os havia abandonado desde a Panfília e não os havia acompanhado no trabalho. Houve tal desentendimento entre eles que chegaram a separar-se um do outro. Barnabé embarcou com Marcos para Chipre, enquanto Paulo escolheu Silas e partiu, depois de ter sido recomendado pelos irmãos à graça do Senhor (At 15,37-40).

Não está bem claro por que Marcos havia deixado Barnabé e Paulo. Lucas relata apenas que Marcos acompanhava os dois como ajudante (At 13,5). E ele faz uma observação breve:

> Ali João separou-se deles e voltou para Jerusalém (At 13,13).

Talvez a viagem missionária tenha lhe parecido muito perigosa ou demasiado extenuante. Como quer que tenha sido, ele deixou a equipe. Talvez ele também tenha tido a sensação de que não combinavam. Porém, Barnabé tinha a impressão de que ele representava um enriquecimento para ele e Paulo. No entanto, Paulo estava irredutível e não quis mais trabalhar mais com ele. Assim, formaram-se duas novas equipes: Barnabé e Marcos fizeram missão em Chipre, Paulo e Silas viajaram para a Síria e a Cilícia. As duas equipes viajaram com a bênção da comunidade. Embora não trabalhassem mais juntos, os quatro foram enviados pela comunidade. Ou seja, eles trabalharam por incumbência da comunidade, mesmo fazendo o trabalho separados.

Essa é uma bela imagem para a composição de equipes. Simplesmente há pessoas que não combinam entre si. Quanto a Paulo se poderia dizer que ele era uma pessoa de liderança. Não havia lugar ao lado dele para um Marcos, que era mais fraco. Este se sentiu marginalizado. Ou ele teve a sensação de nunca poder satisfazer as expectativas de Paulo. Barnabé havia apresentado Paulo à comunidade de Jerusalém. Com seu jeito conciliador, ele conseguira atenuar o medo que a comunidade tinha do outrora perseguidor dos cristãos chamado Saulo. E, dado esse seu caráter conciliador, ele queria levar Marcos novamente com eles. Paulo, em contraposição, estava irredutível. Ele tinha um padrão rígido de exigências para si, mas também para os outros. Assim, ele não pôde trabalhar com Marcos a longo prazo. Todos os quatro discípulos proclamaram o amor que veio ao seu encontro em Jesus Cristo. E todos exortaram as comunidades ao amor ao próximo. Mas eles próprios não eram capazes de amar-se a ponto de trabalhar juntos.

Não devemos avaliar essa situação em termos morais. Não faria o menor sentido exortar os discípulos a se aceitarem, para que pudessem trabalhar em equipe. É importante levar a sério os dados psicológicos. Pura e simplesmente há pessoas que não combinam. Não é possível incentivá-las por meio da moralização a se aceitarem. É mais importante admitir que simplesmente não é possível trabalhar com certas pessoas. Devemos nos esforçar por trabalhar em equipe. Mas também é uma questão de honestidade e humildade admitir que há limites para a cooperação. Nesse caso, é melhor recompor a equipe. Porém, é importante que todos os colaboradores, mesmo que se separem uns dos outros e passem a trabalhar com outros, representem o interesse comum da empresa e contem com o apoio da empresa.

Um chefe de seção me contou a respeito de uma equipe de quatro pessoas que trabalhava por unidade produzida. Três homens tinham um desempenho semelhante. O quarto era fraco. Ele até tinha boa vontade, mas não tinha como alcançar o desempenho que se esperava dele. O chefe de seção incentivou os três homens fortes a carregar o colega de trabalho mais jovem e mais fraco. Eles tentaram, mas seguidamente houve tensões. O chefe de seção acabou reconhecendo que não podia melhorar a equipe com seus incentivos para levarem o mais fraco em consideração. Ele então compôs a equipe de outra maneira. Ele transferiu o colega de trabalho mais jovem para outra equipe e, de repente, as duas equipes ficaram satisfeitas.

Há duas razões pelas quais as pessoas não combinam em equipe. A primeira razão é biográfica. Há os membros de equipe que me lembram, por exemplo, o pai autoritário que sempre me impediu de decidir por mim mesmo. Outros me lembram a mãe depressiva que sempre quis me cooptar e infundir em mim uma consciência pesada. Nunca nos encontramos com outra pessoa livres de preconceitos. Sempre os vemos com os óculos que nossa biografia pôs em nós. Podemos trabalhar em nossa biografia para que sejamos capazes de envolver-nos com pessoas que nos lembram experiências negativas da infância. Mas há limites para isso. Aí reagimos com a sensibilidade à flor da pele a uma sugestão do outro e já vemos nisso uma tutela. O outro nos deixa inseguros com sua crítica e nos faz ficar de consciência pesada. Nesses casos, é importante, por um lado, trabalhar em si mesmo e, por outro lado, também admitir que temos dificuldade de nos relacionar com certas pessoas e que gastamos muita energia para reelaborar constantemente a própria biografia na equipe.

A segunda razão pela qual colegas de trabalho não combinam em uma equipe reside nos diferentes caracteres e tipos representados por eles. Os diferentes tipos podem se complementar, mas também podem se bloquear: no mosteiro, sob o Abade Fidélis, tínhamos reunião da administração toda segunda-feira. Éramos seis monges. Às vezes bloqueávamos uns aos outros. Muitas vezes eu tinha a impressão de que não progredíamos com rapidez suficiente. Eu me sentia freado pelos demais. Para outros eu andava rápido demais e passava por cima de suas ressalvas que me pareciam triviais demais. Então fizemos um curso juntos, no qual refletimos sobre nossos caracteres distintos e conversamos sobre isso. O abade era uma pessoa que via tudo com muita clareza, mas que também queria fazer tudo muito corretamente. Eu sou antes uma pessoa que gosta de resolver os problemas com rapidez e considera o êxito mais importante do que a precisão da operação. Em razão dessas diferenças algumas vezes nós nos bloqueamos mutuamente. No entanto, quando reconhecemos que cada integrante da equipe tem uma tarefa importante, complementamo-nos muito bem. Não devemos avaliar os caracteres. Cada caráter tem seus pontos fortes e seus pontos fracos. No trabalho conjunto, devemos contribuir com nossos pontos fortes e, nos nossos pontos fracos, estar abertos para os pontos fortes de outros. Não se trata de se comparar com os demais, mas de respeitar-se mutuamente. Cada qual tem com seu caráter e com seus pontos fortes e pontos fracos uma tarefa importante na equipe. Quando pararmos de dar nota uns aos outros, começaremos a escutar-nos, a relativizar nosso ponto de vista e abrir-nos para outras possibilidades e caminhos.

São Bento pressupõe que a comunidade monástica seja coesa. Ele também pressupõe que haja diferentes tipos de pessoas no mosteiro. Mas ele exige que o abade trate esses diferentes tipos de tal maneira que consigam conviver pacificamente. Porém, é de se supor que a arte de liderar do abade inclua também que ele agrupe para a realização de um trabalho conjunto só aqueles monges que combinam bem uns com os outros. Em todo caso, ele deve dar atenção a cada um individualmente e tratá-lo conforme sua maneira de ser:

> E saiba que coisa difícil e árdua recebeu: reger as almas e servir aos temperamentos de muitos; a este com carinho, àquele, porém, com repreensões, a outro com persuasões segundo a maneira de ser ou a inteligência de cada um, de tal modo se conforme e se adapte a todos, que não somente não venha a sofrer perdas no rebanho que lhe foi confiado, mas também se alegre com o aumento da boa grei (RB 2,31-32).

Se o abade der atenção a cada um individualmente, é de se supor que ele não agrupe os monges em equipes de trabalho simplesmente em virtude de sua palavra de ordem, mas conforme o jeito de ser de cada um e de maneira que combinem uns com os outros. São Bento renuncia ao apelo moral de que devem achar um jeito de conviver, mas procede com inteligência.

Ele sonda cada um dos confrades e se pergunta o que ele precisa. Disso faz parte também quais os confrades que precisam estar em suas proximidades e com quais eles harmonizam para que todos possam conviver pacificamente e o rebanho cresça. Pois, em um rebanho de ovelhas, o pastor também tenta manter separadas as ovelhas que não se suportam. Uma equipe e uma comunidade sempre são um organismo vivo. Logo, é preciso ficar atento para possibilitar a vitalidade de uma equipe.

Compor uma equipe

Na composição de uma equipe trata-se sobretudo da qualidade e não da quantidade. Às vezes as equipes são grandes demais. Costuma-se pensar que quanto mais pessoas formarem a equipe tanto mais efetivo será seu trabalho. No entanto, às vezes uma equipe grande demais é incapaz de trabalhar. Ela é pesada e lenta. Equipes pequenas muitas vezes são mais criativas. Há uma história bíblica que ilustra bem isso. É a história de Gideão. Ele foi chamado por Deus para proteger seu povo dos midianitas. Ele, então, convocou gente de todas as tribos para acompanhá-lo na luta contra Midiã. Mas Deus lhe diz que é gente demais. Assim, Gideão ordenou que voltassem para casa todos os que estavam com medo. Diante disso, 22 mil pessoas foram para casa. Mas ainda restaram 10 mil. Deus disse que ainda é gente demais. Ele deveria pôr as pessoas à prova para ver se podiam compor a equipe capaz de derrotar os midianitas. Ele levou todos até a água e observou como bebiam a água. 300 homens lamberam a água com a língua como fazem os cães. Os demais se ajoelharam e beberam a água levando-a à boca com a mão em concha. Gideão leva consigo para a batalha somente os 300 homens que lamberam a água como fazem os cães e mandou os demais para casa. Gideão derrota os midianitas com esses 300 homens, que com uma mão sopraram suas trombetas e com a outra seguraram tochas. Eles não precisaram lançar mão da espada para derrotar os midianitas, pois estes ficaram tão atordoados que lutaram uns contra os outros. Ou seja, para derrotar os midianitas eles não recorreram à violência, mas à criatividade.

Gideão testa com cuidado quem se enquadra na equipe. Os critérios são não ter medo e viver com simplicidade e transparência. Mas Gideão também escuta bem o que Deus lhe diz. Ele não tem uma solução própria para o problema relativo a como derrotar os midianitas. Ele dá ouvidos a Deus. E este lhe mostra uma solução criativa. Se os 300 homens tivessem enfrentado a grande quantidade de midianitas com a espada teriam perdido a batalha. Mas assim eles encontraram uma solução criativa e superaram a força dos midianitas. Nas últimas décadas, repetidamente houve pequenas equipes que encontraram soluções criativas. Elas mudaram o mundo, quer se trate de Bill Gates ou de Marck Zuckerberg. Foram sempre equipes pequenas que começaram de maneira bem simples e desenvolveram ideias novas juntas. Na Bíblia, Gideão dá ouvidos à orientação de Deus. É bom que a equipe esteja aberta para a inspiração que vem do Espírito Santo. Nesse caso, ela será mais criativa do que se contar apenas com a própria força.

Consigo encontrar também na Regra de São Bento os dois motivos presentes na história de Gideão: o motivo do exame cuidadoso e o de ouvir a orientação de Deus. Homens que querem ingressar no mosteiro não são aceitos de imediato, mas são testados primeiro. O primeiro teste consiste em deixá-los esperar:

> Apresentando-se alguém para a vida monástica, não se lhe conceda fácil ingresso; mas, como diz o apóstolo: "Examinai se os espíritos são de Deus" (1Jo 4,1). Portanto, se aquele que vem, perseverar batendo à porta e, se depois de quatro ou cinco dias, sendo-lhe feitas injúrias e dificuldade para entrar, parece suportar pacientemente e persistir no seu pedido, conceda-se-lhe o ingresso (RB 58,1-4).

Portanto, não se faz propaganda para que o maior número possível de pessoas venha para o mosteiro, um risco que pode perfeitamente ocorrer hoje, em vista da diminuição de novas vocações. Também na busca por mão de obra quando há escassez de oferta no mercado de trabalho, isso pode ser perigoso. Aceita-se quem vier. Em contraposição, São Bento escolhe e examina os jovens. Trata-se de um exame triplo:

> Que haja solicitude em ver se procura verdadeiramente a Deus, se é solícito para com o Ofício Divino, a obediência e os trabalhos mais humildes (RB 58,7).

Em termos psicológicos, pode-se interpretar esse exame da seguinte maneira: examina-se os noviços quanto à sua capacidade emocional, sua capacidade comunitária (capacidade de integrar uma equipe) e sua capacidade produtiva ou disposição para o desempenho.

O outro motivo – dar ouvidos à vontade de Deus – é enfatizado repetidamente por São Bento. O abade não deve se guiar por pontos de vista puramente econômicos, mas colocar no centro a preocupação com os irmãos. E, em última análise, ele deve estar interessado em fazer a vontade de Deus:

> E para que não venha, porventura, a alegar falta de recursos, deverá lembrar-se do que está escrito: "Buscai em primeiro lugar o Reino de Deus e sua justiça e todas as coisas vos serão dadas de acréscimo" (RB 2,35 citando Mt 6,33).

Coordenar personalidades

Jesus chamou doze discípulos para serem apóstolos. Examinando a lista dos discípulos, reconhecemos como são diferentes os tipos que Ele chama. Eles se diferenciam já quanto à sua profissão, sua posição e sua procedência. Há ali simples pescadores como Simão e André, que pescavam apenas com redes. Há também Tiago e João que geriam uma frota pesqueira com seu pai. Eles detinham, portanto, uma posição social mais elevada. No entanto, na lista dos apóstolos, o pescador simples Pedro consta em primeiro lugar. Há também o coletor de impostos Mateus. Coletores de impostos eram considerados pecadores. Eles muitas vezes espoliavam as pessoas simples, cobrando taxas exageradamente altas. A maioria dos discípulos eram originários da Galileia. No entanto, de Judas Iscariotes se diz que provinha da Judeia.

Seus nomes indicam diversidade de caracteres e de contexto social. Há nomes em puro aramaico. E há dois que têm nome grego: André e Felipe. Os nomes apontam para a cultura grega em que ambos foram criados. E há dois, cujos nomes aramaicos foram grecizados e que, portanto, estavam cientes de suas raízes judaicas, mas que tinham abertura para a cultura grega que havia se estabelecido na Galileia: Bartolomeu e Mateus. Portanto, no círculo de Jesus havia homens que pensavam ao modo judaico tradicional. E havia homens marcados pela cultura grega. A respeito do Simão que Marcos chama de "cananeu" Lucas diz: "chamado Zelote" (Lc 6,15). Os zelotes foram, naquela época, os guerrilheiros que enfrentaram os romanos mediante o uso da violência. Alguns exegetas também acham que Judas Iscariotes pertenceu aos zelotes. Eles associam a palavra "Iscariotes" com o termo "sicários", que se refere a homens que usavam a sica (pequeno punhal curvo). Era uma ala dos zelotes que carregavam um punhal curvo por baixo da vestimenta e com ele assassinavam furtivamente soldados romanos. Portanto, também no que se refere a orientação política, Jesus chama discípulos dos mais diferentes partidos.

A três discípulos Jesus deu nomes novos. Ele chamou Simão de Pedro, a rocha. Jesus o julgou capaz de tornar-se a rocha sobre a qual seria fundada a comunidade. Do mesmo modo que Abraão foi chamado de rocha, Pedro também deveria ser a rocha firme em meio às turbulências pelas quais a pequena comunidade passaria após a morte de Jesus. É admirável que Jesus tenha chamado de rocha justamente a esse Simão que muitas vezes foi tão impulsivo e é descrito por todos os evangelistas como alguém que prometeu muita coisa a Jesus; mas, não obstante, acabou negando-o antes da sua morte. Mas Pedro arrependeu-se de tê-lo negado e, assim, tornou-se uma das testemunhas mais resolutas de Jesus. Ele o chama de Messias. Jesus dá nome também aos irmãos Tiago e João. Ele os chama de "Boanerges". Marcos traduz essa palavra por "filhos do trovão". Há exegetas que interpretam o termo como "filhos da revolta". Eles situam os dois nas proximidades dos zelotes. Lucas entende a palavra mais como expressão para designar pessoas agressivas e ruidosas. Ele nos conta que os dois ficaram extremamente irritados quando os samaritanos se recusaram a oferecer pouso a Jesus em sua viagem até Jerusalém. Eles disseram para Jesus:

> Senhor, queres que mandemos descer fogo do céu para acabar com eles? (Lc 9,54).

Tratava-se, portanto, de pessoas impulsivas que facilmente se irritavam e então se enchiam de pensamentos agressivos.

É admirável que Jesus tenha conseguido formar uma comunidade com esses homens tão diferentes. Mas também é um quadro que nos dá esperança. A Igreja de hoje é composta de maneira tão multiforme quanto a pequena comunidade dos Doze. Também a uma empresa se aplica isto: há nela os tipos mais diversificados, que normalmente ninguém colocaria no mesmo grupo. No entanto, quando há uma figura de liderança que, a exemplo de Jesus, é capaz de unir e reconciliar entre si as mais diferentes pessoas, estas conseguem trabalhar umas com as outras. E elas têm dentro de si a capacidade de conquistar o mundo inteiro. A pequena comunidade dos Doze levou a mensagem de Jesus para o mundo inteiro e, desse modo, transformou o mundo inteiro. Quando as lideranças conseguem unir as mais diferentes pessoas, estas realizam algo grandioso. Elas criam uma cultura que, indo além da empresa, influencia a sociedade. No entanto, todos os evangelistas também nos contam que um integrante da equipe traiu Jesus: Judas. Isso também é realidade: até numa boa equipe alguém pode acabar se tornando traidor. Isso é doloroso, mas temos de contar com essa realidade. A longo prazo, o fato de alguém ter caído fora e traído Jesus não prejudicou a equipe dos apóstolos. Isso fez com que os demais se tornassem tanto mais unidos. E depois da ressurreição de Jesus escolheram Matias para recompor o grupo dos Doze.

Hoje muitas empresas estão globalmente estruturadas. Elas empregam colaboradores de muitas nações, culturas e religiões. Quando uma empresa consegue aceitar a diversidade dos membros e, apesar dela, formar uma comunidade com eles, ela dá uma importante contribuição para a paz na sociedade. Antagonismos entre as culturas e religiões são assim superados pelo trabalho conjunto e abrem-se caminhos para o relacionamento entre as pessoas fora da empresa. O objetivo comum de uma empresa pode unir pessoas de diferentes culturas. Atualmente isso é um grande desafio. Mas também ali às vezes há os que querem trair o chefe e dividir a equipe. Nesses casos, é preciso que haja figuras integradoras como Jesus para manter a equipe unida apesar disso.

São Bento também conta com a existência de confrades de difícil trato no mosteiro. Ele exige que o abade os integre na comunidade. Porém, São Bento também está ciente dos limites em que a integração não pode mais ser bem-sucedida. Assim, ele escreve no capítulo sobre os incorrigíveis:

> Se aplicou as fomentações, os unguentos das exortações, os medicamentos das divinas Escrituras e enfim a cauterização da excomunhão e das pancadas de vara e vir que nada obtém com sua indústria, aplique então o que é maior: a sua oração e a de todos os irmãos por ele, para que o Senhor, que tudo pode, opere a salvação do irmão enfermo. Se nem dessa maneira se curar, use já agora o abade o ferro da amputação, como diz o apóstolo: "Tirai o mau do meio de vós" (1Cor 5,13) e também: "Se o infiel quiser se separar, que se separe" (1Cor 7,15), a fim de que uma ovelha enferma não contagie todo o rebanho (RB 28,3-8).

O abade deve fazer uma série de esforços para integrar os confrades difíceis na comunidade: exortações, palavras da Sagrada Escritura que transformam o irmão e curam suas feridas. E então também uma exclusão temporária. Golpes de vara hoje naturalmente não são mais um meio a ser cogitado. Isso era usual naquela época. Depois o abade e toda a comunidade devem orar pelo irmão. O ato de orar leva a uma nova maneira de ver o irmão. A oração faz crescer em mim a esperança de que o irmão consiga ter paz consigo mesmo e, por essa via, se torne capaz de se envolver na comunidade. Só se tudo isso não tiver êxito, o abade deve fazer um corte. Em uma empresa isso significaria separar-se do colega de trabalho. Ao dizer isso, São Bento tem em vista sobretudo o bem-estar da comunidade. Hoje, porém, deveríamos olhar também para aquele de quem nos separamos. Deveríamos transmitir-lhe, ao mesmo tempo, que ele pode encontrar uma nova chance para si em outro lugar.

Complementar-se mutuamente

Em uma empresa, tipos diversos de personalidade podem se atritar e se acusar mutuamente. Ou então podem se complementar mutuamente. Eles conseguem isso se identificarem também em si mesmos os aspectos estranhos que percebem no outro. Quando isso acontece, eles não precisam mais combater o aspecto estranho que veem no outro. Eles permitem que o aspecto estranho no outro os lembre do aspecto estranho em si mesmos e se reconciliam com ele. Desse modo, eles permitem que os colegas de trabalho de tipo diferente os enriqueçam e levem a descobrir em si mesmos a diversidade dos seus talentos.

É Lucas que relata sobre a tensão entre os diversos lados e seu enriquecimento. Jesus está na estrada com seus discípulos. Eles chegam à casa das irmãs Marta e Maria. Evidentemente Jesus era amigo delas. Marta imediatamente se põe a trabalhar. Ela põe a mesa. Ela prepara a comida e a bebida, para que Jesus e seus discípulos possam se revigorar. Porém, sua irmã Maria senta-se aos pés de Jesus. Ela simplesmente escuta o que Ele tem a dizer. Sua irmã Marta fica incomodada com isso. Em tom agressivo, ela interpela Jesus:

> Senhor, não te importa que minha irmã me deixe sozinha no serviço? Dize-lhe que me venha ajudar! (Lc 10,40).

Mas Jesus defende Maria, respondendo assim a Marta:

> Marta, Marta, andas muito agitada e te preocupas com muitas coisas. Entretanto, uma só coisa é necessária. Maria escolheu a melhor parte que não lhe será tirada (Lc 10,41-42).

Muitas mulheres do lar preocupadas com a hospitalidade ficam irritadas com essa história. Elas se sentem desvalorizadas em seu trabalho. Mas também pessoas que trabalham muito na empresa, que se sentem responsáveis por tudo e se engajam pela empresa muitas vezes ficam incomodadas com essa história. Elas têm a impressão de que outros colegas de trabalho escolhem a parte boa e deixam o trabalho pesado para elas. É possível interpretar essa história de duas maneiras. A primeira interpretação se refere aos tipos diversificados. Em cada empresa há o tipo Marta e o tipo Maria. Cada um deles têm uma missão importante. Não se trata de jogar um contra o outro. É preciso que haja o tipo Marta que põe a mão na massa, que vê de imediato o que precisa ser feito e então simplesmente põe mãos à obra. Porém, é preciso que haja também os outros que, a exemplo de Maria, tiram tempo para escutar com atenção. Quais são os anseios mais profundos dos colegas de trabalho? Quais são os anseios das pessoas? Há empresas que simplesmente se dedicam a trabalhar. Elas produzem cada vez mais e com eficiência cada vez maior. No entanto, elas não se perguntam se seus produtos ainda correspondem aos anseios das pessoas. O que as pessoas realmente necessitam? Se excluirmos os do tipo Maria de uma empresa, esta logo produzirá algo que não tem mais mercado.

Ela trabalha muito, mas se admira que os negócios não estejam mais indo bem, porque as necessidades das pessoas mudaram. Portanto, sempre são necessários os dois tipos em uma empresa. Se coexistirem, eles se complementarão.

Porém, também é preciso que haja dentro de nós aquele Jesus que concede uma razão de ser para os do tipo Maria. Os do tipo Marta muitas vezes reagem com agressividade aos do tipo Maria. Na narrativa, Marta se mostra irritada. Ela critica Jesus. Ele não deveria conversar com sua irmã, mas dizer-lhe que fosse ajudá-la. Ela deixa que sua irmã faça todo o trabalho, todo o serviço. Essa agressividade mostra que Marta não está satisfeita com seu trabalho. Ela não se entrega abnegadamente ao trabalho, mas tem segundas intenções. Ela gostaria de trabalhar bem para criar uma imagem de boa hospedeira diante de Jesus e seus discípulos. Ela gostaria de ser considerada por Jesus em seu trabalho. Mas Jesus volta-se mais para sua irmã. Marta se sente passada para trás. Ela que faça tudo, mas a atenção vai para a irmã. Todos conhecemos esse mecanismo em nós. Gostamos de trabalhar. Mas também gostaríamos de ser considerados. Gostaríamos de brilhar e receber atenção e louvor por isso. Quando então outros que tiram tempo para conversar recebem a atenção, ficamos com ciúme e agressivos. Também em uma empresa, Jesus deveria tomar medidas para que ambas possam trabalhar bem juntas e que ambas recebam a necessária atenção e afirmação. Então Marta e Maria poderiam complementar-se mutuamente e trabalhar juntas para o bem da empresa.

Mas também podemos ver Marta e Maria como dois lados presentes em cada um de nós. Marta é o lado ativo em nós. Pensamos saber o que é preciso fazer. E pomos mãos à obra. Fazemos muita coisa para outros. Engajamo-nos por eles. Engajamo-nos pela empresa. Mas não nos perguntamos se tudo o que fazemos de fato é necessário. De tanta gana de trabalhar deixamos de ouvir o que realmente poderia fazer a empresa avançar.

E deixamos de ouvir nossos impulsos interiores, que nos dizem que também precisamos de tempo para nós, que devemos dar ouvidos às nossas vozes interiores mais suaves. Normalmente a Marta dentro de nós fala mais alto que a Maria dentro de nós. Pois a Marta tem o que mostrar. É que fazemos muita coisa. Tudo é tão útil. Atendemos os hóspedes, atendemos os colegas de trabalho, os clientes. Tudo que fazemos é bom. Porém, de tanto trabalhar não vemos qual a real importância disso tudo. Por isso, Jesus precisa tomar o partido da Maria em nós. Ele é obrigado a lhe dar razão. Necessitamos do tempo de quietude, tempo de reflexão, de tempo para ouvir nossa voz interior, mas também de tempo para ouvir o que outros têm a nos dizer quando nos questionam.

Cada um de nós sente em si mesmo a Marta e a Maria. No entanto, a Maria em nós muitas vezes deixa a Marta em nós insegura. E, em consequência, reagimos de modo tão agressivo a ela quanto a Marta na narrativa de Lucas. Agora simplesmente não há tempo para refletir. Agora é hora de agir. A reflexão é um girar narcisista ao redor de si mesmo. Desvalorizamos a Maria em nós. No entanto, Jesus fortalece a Maria em nós. É que nos faz bem tomar um tempo para escutar atentamente o que Deus quer de nós, como o trabalho deve ser organizado significativamente a longo prazo e o que realmente fazemos pelos outros e como poderíamos melhor satisfazer suas necessidades.

Ao acolher hóspedes, os monges devem viver interiormente tanto o lado Marta quanto o lado Maria. São Bento provê o bem-estar físico dos hóspedes por meio de uma cozinha própria para eles. No entanto, assim que um hóspede é anunciado, a primeira coisa a fazer é orar em conjunto. Deve-se, portanto, escutar a voz de Deus: do que se trata? Trata-se apenas de presentear os hóspedes com um tempo agradável? Ou se trata de acolher, na pessoa dos hóspedes, o próprio Cristo, que às vezes pode falar exatamente pela boca de um hóspede o que é bom para os monges?

> Logo que um hóspede for anunciado, corra-lhe ao encontro o superior ou os irmãos, com toda a solicitude da caridade; primeiro, rezem em comum e assim se associem na paz. Não seja oferecido esse ósculo da paz sem que, antes, tenha havido a oração, por causa das ilusões diabólicas (RB 53,3-5).

O propósito da oração é preparar tanto o monge quanto o hóspede para um bom encontro, para um encontro que seja fecundo para ambos.

E a oração deve abrir a mente para aquilo que o hóspede tem a dizer aos monges. Quando um monge de fora é hóspede e faz alguma crítica ou chama a atenção para algo que lhe parece inadequado,

> trate o abade prudentemente desse caso, pois talvez por causa disso Deus o tenha enviado (RB 61,4).

A oração abre a mente do abade para o que o próprio Cristo tem a dizer aos monges por meio do hóspede. Ou seja, a oração é algo semelhante a ouvir as palavras de Jesus como fez Maria. Não se trata só de prover bem o hóspede, mas também de ouvir a mensagem que ele gostaria de anunciar à comunidade.

Tensão e identidade

Desejamos que, no local de trabalho, haja equipes que combinem bem. Os membros devem se dar bem e se sentir bem na equipe. No entanto, quando a coisa fica harmônica demais, quando todos só giram em torno de sentir-se bem, a equipe não trabalhará de modo especialmente efetivo. Quando os membros da equipe se preocupam demais com a harmonia, eles não se questionam suficientemente. Uma tensão saudável aumentaria seu desempenho. Porém, ela só pode surgir onde os membros da equipe têm consciência da própria identidade. Encontramos nossa identidade quando passamos por todos os pontos fortes e pontos fracos e identificamos nosso verdadeiro eu no fundo da nossa alma. O que é esse eu que coaduna todos os antagonismos dentro de nós? Se tivermos ciência de nossa identidade, também seremos capazes de respeitar a identidade do outro. Identidade nada tem a ver com egoísmo, mas com um autoconhecimento claro, que é o pressuposto para respeitar o outro em sua peculiaridade e reconhecer seu valor.

Isso nos mostra a história de Pedro e Paulo. Ambos eram de tipos diferentes. E tiveram discussões acirradas um com o outro. Mas ambos foram importantes para o desenvolvimento da Igreja. Lucas descreve o conflito entre Pedro e Paulo em termos um pouco destoantes do próprio Paulo. Lucas conta que Paulo e Barnabé foram até Jerusalém para participar de um concílio com os apóstolos e aclarar a questão se os gentios deveriam ser circuncidados como os judeus ou se eles poderiam ser aceitos na comunhão da Igreja como gentios. Lucas descreve como o próprio Pedro se posiciona a favor dos gentios e assim possibilita a Paulo defender sua posição. Eles chegam ao seguinte acordo: tanto os gentios quanto os judeus são salvos pela graça de Jesus e não pela observância da Lei. Uma resolução conciliar foi redigida. E todos saíram satisfeitos (At 15,6-29).

Na Carta aos Gálatas, Paulo difere um pouco na descrição do conflito. Ele também começa contando que esteve em Jerusalém e que Pedro e os demais apóstolos lhe teriam apertado a mão. Ambos chegaram ao entendimento de que Pedro havia sido "capacitado para o apostolado entre os circuncisos [os judeus]" (Gl 2,8), ao passo que Paulo recebera a incumbência de proclamar a mensagem de Jesus entre os gentios. Mas, então, Pedro foi certa vez até Antioquia para visitar a comunidade. Inicialmente ele também comeu com os gentios à mesma mesa. Mas então chegaram a Antioquia também integrantes dos círculos conservadores em torno de Tiago. E aí Pedro se adaptou às concepções deles e se retirou do convívio com os gentios. Paulo então o enfrentou abertamente e o criticou com veemência. Para ele, não se tratava de uma questão de consideração, mas da questão teológica se a salvação vem de Jesus ou da Lei.

Percebe-se nessa descrição de Paulo que ele tem um caráter diferente do de Pedro. Nos evangelhos, Pedro também é descrito como impulsivo e entusiasmado. Mas Lucas o descreve nos Atos dos Apóstolos mais como um homem conciliador. Ele gostaria de reconciliar os dois lados na Igreja. Paulo é mais o teólogo que está preocupado com a doutrina certa. Ele é agressivo. Com sua agressividade, ele está mais interessado em ter razão do que em um convívio inteligente e equilibrado de judeus e gentios, de cristãos conservadores e progressistas. No entanto, justamente por terem caráter distinto, ambos foram uma bênção para a Igreja primitiva. Sem Paulo a mensagem não teria sido levada ao mundo inteiro. Sem Pedro a unidade da Igreja teria sido rompida com bastante rapidez. A tensão entre os dois manteve a Igreja viva.

Assim também acontece em uma equipe. É preciso haver pessoas que desenvolvam novas ideias, mesmo que estas provoquem temores em alguns integrantes da equipe. É preciso haver pessoas que questionem tudo e não continuem fazendo tudo como até agora. Mas é também preciso haver pessoas que mantenham a equipe coesa, que tomem providências para que todos consigam acompanhar as novas ideias e os novos métodos. É preciso haver as pessoas que avançam e aquelas que preservam. É preciso haver os da vanguarda do pensamento e os que olham mais as pessoas e suas necessidades. Quando as ideias vêm só da cabeça, elas podem sobrecarregar as pessoas. É importante levar em conta os sentimentos e atentar para as relações. Se a equipe se dividir por causa de ideias, não poderá trabalhar efetivamente em conjunto. Porém, quando só se dá atenção às relações e se impede toda ideia nova em vista da inquietação que poderá surgir, a equipe tampouco produzirá fruto.

Nem sempre é fácil suportar a tensão que reina em uma empresa ou uma equipe. As tensões também podem paralisar uma equipe. É preciso haver justamente a tensão saudável que gera energia. A eletricidade também é gerada pela tensão. Para que a tensão não superaqueça ou até paralise, é preciso haver pessoas capazes de suportar a tensão dentro de si mesmas. Pois cada um de nós tem dentro de si os dois polos: o de ir na frente e o de preservar, a orientação em ideias novas e a orientação na comunidade que nos sustenta. Quando unimos apropriadamente os dois polos em nós, também conseguimos usar as tensões que há em uma equipe para gerar energia.

No mosteiro beneditino, o abade detém uma posição forte. Ele é responsável por tudo. Ainda assim, São Bento gostaria que ele compartilhasse seu poder. Há, então, os decanos que ele indica para que dividam a grande comunidade em grupos menores.

> Os decanos empreguem sua solicitude em tudo o que diz respeito às suas decanias, conforme os mandamentos de Deus e os preceitos do seu abade. Que os decanos eleitos sejam tais que possa o abade, com segurança, repartir com eles o seu ônus; e não sejam escolhidos pela ordem na comunidade, mas segundo o mérito na vida e a sabedoria na doutrina (RB 2,2-4).

Ou seja, São Bento está atento a que os decanos liderem as decanias nos termos do abade. Se eles ficarem orgulhosos e se gabarem de sua função, o abade deve admoestá-los e eventualmente destituí-los. O mesmo vale para o prior. São Bento está interessado em que não aconteça nenhuma cisão na comunidade. Pelo visto, ele passou por experiências dolorosas em outros mosteiros ou até em sua comunidade. Porém, sempre que o poder é compartilhado, surge uma tensão. O que importa é suportar e resolver essa tensão de modo justo e honesto. Então ela redundará em bênção para a comunidade. Na tradição beneditina, reconheceu-se que sempre faz bem quando o abade instala como prior alguém que não é exatamente como ele. Se o abade for severo, o prior deveria ser alguém magnânimo. Se o abade for um tipo paternal, o prior pode perfeitamente ser alguém que dá mais atenção à disciplina e à ordem. Porém, essa tensão não pode provocar cisão, mas deve ser usada para o bem da comunidade.

Equilíbrio

Conseguir descansar

Muitas pessoas sofrem porque, de tanto trabalho, não conseguem descansar. Mas, quando sucede que não há nada para fazer, elas não conseguem desfrutar do descanso e não sabem o que fazer com o tempo livre. Elas sentem um vazio ou entram em pânico. Pois quando não há nada para fazer, são confrontadas consigo mesmas. Então, de tanto medo de ter de se ocupar consigo mesmas, elas preferem achar algo para fazer. Pois poderiam aflorar ideias desagradáveis, como, por exemplo, que sua vida não está em ordem, que estão vivendo à margem de si mesmas, que se resumem à pura rotina.

Jesus dirigiu a palavra a essas pessoas que nunca acham descanso. Podemos traduzir suas palavras para dentro da agitação e sobrecarga desencadeadas pelo nosso trabalho. Jesus diz:

> Vinde a mim vós todos que estais cansados e sobrecarregados e eu vos darei descanso (Mt 11,28).

Jesus se dirige àqueles que se extenuam, que se atormentam, que se obrigam ao desempenho. E Ele dirige a palavra aos que carregam fardos pesados, cargas da vida e também da profissão. Eles se sentem sobrecarregados. A pressão vinda de cima pesa muito sobre eles. Ou eles próprios se colocam sob pressão por quererem fazer tudo certo. Jesus fala a pessoas que têm a sensação de que estão correndo sem sair do lugar e de que jamais conseguirão descansar. Nem no seu lar conseguem descansar. Os pensamentos referentes ao trabalho as perseguem e os problemas da família as oprimem. Assim, elas têm a impressão de que, em toda parte, só há cargas para levar. E elas têm medo de entrar em colapso de tanta carga.

Jesus aponta a essas pessoas um caminho para o descanso. Ele as convida a simplesmente descansar, não pensar em nada, simplesmente respirar aliviadas e desfrutar do descanso. Mas Jesus sabe que é preciso haver uma atitude interior para poder desfrutar do descanso. Em consequência, Ele faz seus discípulos frequentarem sua escola:

> Aprendei de mim que sou manso e humilde de coração, e achareis descanso para a vossa alma (Mt 11,29).

Só acharemos descanso para nossa alma quando aprendermos de Jesus a ser bondosos e humildes. Ser bondoso significa lançar um olhar clemente para aquilo que aflora em nós no silêncio, não julgar, mas simplesmente depositar tudo dentro da bondade de Deus. Ser humilde significa a coragem de descer até o caos dos próprios sentimentos. Tudo o que há de caótico, obscuro, agressivo, insatisfeito e medroso em nós tem permissão para existir. Não precisamos ter medo de deixar que aflore. O psicoterapeuta suíço Carl Gustav Jung chama esse caos de sombra. Descemos para dentro das agressões refreadas, da sexualidade reprimida, da inveja contida e da depressão. Nada disso deve nos atemorizar, pois Jesus desce até lá conosco. Pois, ao tornar-se humano, ele desceu até as profundezas da nossa humanidade para que tenhamos coragem de descer pessoalmente até o fundo da nossa alma. Devemos confiar que, no fundo da nossa alma, brilha a luz de Jesus. Porque sabemos dessa luz interior no fundo da nossa alma, ousamos passar pela escuridão em nosso coração e descer até o espaço interior de repouso e silêncio que já está dentro de nós, mas do qual bastantes vezes fomos isolados.

O teólogo Hubertus Halbfas esclareceu isso com a metáfora do poço. Três irmãos querem descer no poço para tirar a água de que precisam para viver. Porém, só tem água bem lá no fundo do poço. Para chegar até essa água revitalizadora é preciso passar pelas partes escuras, escorregadias, úmidas e desagradáveis. Os dois primeiros irmãos ficam com medo assim que o poço começa a ficar estreito e úmido. Eles pedem para ser içados com a corda. Só o mais novo deles não fica com medo. Ele chega até o fundo do poço onde tem água cristalina e refrescante. Quando descemos com Jesus dentro do poço de nossa alma, podemos confiar que encontraremos a água da vida. E ali, no fundo da nossa alma, também encontraremos o verdadeiro descanso. Ali podemos descansar à vontade. Os ruídos da superfície não chegam até ali, nem nossos pensamentos ruidosos nem os desejos e as expectativas de outras pessoas nem sua crítica ou suas palavras ofensivas. Ali embaixo conseguimos descansar. E nossa alma é revigorada e fortalecida.

São Bento toma providências para que os monges, apesar de todo o trabalho, sempre tenham também períodos de descanso. Ele reserva sete momentos no dia para a oração comunitária. A oração interrompe o trabalho e faz com que o monge consiga aquietar-se diante de Deus. Mas São Bento não conhece só a oração comunitária que, no decorrer do dia, repetidamente proporciona pausas para descansar. Ele também convida os monges a fazer sua oração pessoal. Ao dizer isso, ele não entende a comunitária como realização, mas como o lugar em que o monge encontra a si mesmo diante de Deus. Isso fica evidente em sua instrução para a oração pessoal:

> E saibamos que seremos ouvidos, não com o muito falar, mas com a pureza do coração e a compunção das lágrimas (RB 20,3).

Só conseguiremos entender o que São Bento quer dizer com essa frase se a examinarmos em conexão com a tradição dos monges mais antigos. Na oração, trata-se da pureza do coração, ou seja, na oração, o coração deve ser purificado das emoções e paixões que nos intranquilizam. Quando nos livramos delas, encontramos descanso interior.

A outra expressão usada por São Bento, *"compunctione lacrimarum"* ["compunção das lágrimas"], refere-se à experiência e ao encontro consigo mesmo. Na oração, encontro a verdade sobre mim mesmo. E esta nem sempre é agradável. Quando realmente me deparo com meus aspectos sombrios, o caos interior e a mentira interior, expresso isso em lágrimas. Porém, não se trata só de lágrimas de arrependimento; mas, ao mesmo tempo, também de lágrimas de alegria pela experiência da paz interior, que se torna possível porque sou amado por Deus integralmente, assim como sou. Esse encontro honesto comigo mesmo que se expressa no choro me proporciona real descanso. E, de dentro desse descanso interior, consigo então trabalhar de maneira bem diferente.

Equilíbrio entre trabalho, parceria e família

Fala-se hoje com frequência do *work-life balance*, do equilíbrio entre viver e trabalhar. É possível produzir esse equilíbrio, reservando tempo suficiente para a família e o lazer. É importante fixar tempos programados para a família e para as próprias necessidades de passear, ouvir música, ler. São tempos protegidos, nos quais ninguém pode mexer. A empresa não tem acesso a esses tempos. São tempos sagrados que pertencem a mim e à família. Esse tempo sagrado também transforma o restante do tempo, porque tenho a sensação de que o tempo em que me envolvo totalmente com o trabalho não pode me devorar nem determinar. Tenho todo dia também um tempo protegido. Rituais são uma boa maneira de ter diariamente um tempo sagrado. Fazendo isso, tenho a sensação de estar vivendo em vez de ser vivido.

Porém, chegar a reconhecer que tais tempos sagrados são importantes também é uma questão de atitude interior. Para mim, essa atitude está expressa na seguinte palavra de Jesus: "De que adianta alguém ganhar o mundo inteiro se vier a perder sua vida? Ou o que se pode dar em troca da própria vida?" (Mt 16,26). No grego, consta aqui duas vezes a palavra *"psyché"*, que pode significar tanto vida quanto alma. A razão pela qual perdemos o equilíbrio entre trabalho e família, trabalho e espaço de liberdade para nós, é a tendência de querer ganhar o mundo inteiro. Queremos ser bem-sucedidos. Queremos superar os colegas com o nosso desempenho. Queremos posar de vitoriosos. No entanto, toda essa mentalidade de vitoriosos nos faz perder o que propriamente importa: a qualidade de vida, a vitalidade, a vida na família. E acabamos perdendo nossa alma. A língua chinesa expressou essa palavra de Jesus com um símbolo. O símbolo chinês para ocupação se compõe de duas imagens: a imagem do coração e a imagem da morte. O coração de quem está ocupado demais está morto, ele definha por dentro. Ele perde seu coração, sua alma, sua vitalidade.

O conceito alemão para equilíbrio, *"Gleichgewicht"* [lit., "peso igual"], não expressa com precisão o que queremos dizer com o bom balanceamento entre trabalho e família, entre trabalho e tempo para mim. Pois *Gleichgewicht* quer dizer propriamente que tudo tem peso igual, pesa a mesma coisa, que todos os âmbitos têm o mesmo valor. No entanto, trata-se propriamente de que a vida flua dentro de nós. A psicologia fala de sensação de *flow* [fluxo]. Os diferentes âmbitos devem ser interconectados de tal forma que a vida comece a fluir. Pode ser que o trabalho se torne tão opressivo que a vida já não consiga fluir dentro de mim. Cada qual deve identificar a própria medida, o quanto pode trabalhar para que sua vida continue fluindo. Quanto a isso, porém, não importa só a medida exterior de tempo, mas também a medida interior: que grau de importância tem o trabalho para mim? Com que mentalidade eu trabalho? Só conseguirei encontrar um ponto de equilíbrio entre o trabalho e os demais âmbitos da minha vida quando tudo fluir da minha fonte interior, da fonte que está no fundo da minha alma, em última análise, da fonte do Espírito Santo. Então não mais se tratará apenas de fixar tempos exteriores para o trabalho, a família e para mim mesmo, mas de uma conexão interior. Então os polos não se bloqueiam, mas se complementam.

O que podemos fazer para chegar a um equilíbrio interior entre trabalho, família e vida pessoal? Uma via importante para mim é escutar minha alma, meu coração e meus sentimentos. Se minha alma refletir a sensação de vazio, isso é um sinal de alerta de que estou prestes a perder minha alma. Então seria importante prestar atenção nos sinais emitidos pela alma. O que ela está querendo me dizer? O que ela gostaria de receber? Ao que ela me urge? Muitas vezes a alma sabe exatamente o que lhe faz bem. Ela nos convida a sentar ao piano e simplesmente tocar, sem a pressão de ter de tocar para alguém. Ela nos convida a pegar um livro e mergulhar de cabeça no mundo a que o livro quer nos levar. Ela nos convida a fazer um passeio com a família e passar um tempo juntos. E ela nos convida a simplesmente aquietar-nos e desfrutar da tranquilidade, desfrutar o fato de simplesmente existir sem ter de nos justificar por isso nem ter de ostentar algo.

As circunstâncias exteriores são importantes para o equilíbrio entre trabalho e família. Porém, ainda mais importante é escutar a própria alma, o senso para aquilo que tem de ser feito agora por mim e pela família. Somente quando eu tiver reconhecido o valor da família, reservarei tempo para ela. Nessa tentativa de tirar tempo para mim e para a família, a palavra de Jesus pode representar uma importante ajuda. Simplesmente recito para mim mesmo a palavra de Jesus. Então os parâmetros dentro de mim são repostos no seu devido lugar. De repente, todas as razões pelas quais tenho de trabalhar ainda mais e ter ainda mais sucesso perdem sua força. Meu coração tem outra intuição: a intuição de que está em jogo a vida, o amor e a alma. A alma não pode ser cerceada, ela quer alçar voo em liberdade, quer respirar e me dar asas em tudo que faço.

Atentar para a própria alma é algo que São Bento recomenda ao administrador do mosteiro.

Ele guarde a sua alma (RB 31,8).

O administrador não deve se lançar ao trabalho a ponto de esquecer a própria alma. Guardar a alma significa: estar atento às manifestações do próprio coração e se perguntar se a alma está em sintonia com Deus. Quando a alma está toldada, o administrador deve cuidar bem de si mesmo, para que possa exercer seu ministério "*aequo animo*", com tranquilidade interior.

Em outra passagem, São Bento escreve mais sobre guardar a alma. O abade deve organizar os tempos das refeições de tal maneira que as almas dos irmãos não sofram dano:

> E, assim, que tempere e disponha tudo, de modo que as almas se salvem [*animae salventur*] e que façam os irmãos, sem justa murmuração, o que têm de fazer (RB 41,5).

A ordem do dia e os tempos das refeições devem ser regulados de tal maneira que façam bem às almas dos monges, que eles fiquem curados, sejam salvos e permaneçam sãos. Ou seja, o abade não deve ter em vista a efetividade do trabalho, mas a saúde/salvação das almas.

Desvincular-se do trabalho

Muitos praticamente não conseguem largar o trabalho já durante o exercício da sua profissão, porque se definem por meio do trabalho. Quando chegam em casa ao cair da noite, seus pensamentos ainda giram em torno do trabalho. Pois é o trabalho que perfaz sua vida. Eles negligenciam a si mesmos e sua família. Para essas pessoas a aposentadoria é um passo difícil de dar, pois então sentem o quanto o trabalho e o papel que desempenharam na empresa dominam sua vida. O trabalho representou o valor dela. Elas tinham utilidade. Eram requisitadas. Eram importantes para os clientes e para a empresa. Quando me aposento não posso mais me definir por meio do meu trabalho nem do papel que eu desempenhava no trabalho.

No mais tardar nesse momento, é importante saber quem sou como pessoa. Como eu gostaria de passar a me definir? E o que significa: largar o trabalho?

Na história em que Abraão sai de sua pátria, a Bíblia nos dá um belo exemplo de como se larga tudo. Abraão partiu quando já estava com 75 anos de idade. No entanto, a Bíblia diz que ele chegou à idade de 175 anos. Portanto, os números não devem ser tomados no sentido literal exato. De qualquer modo, Abraão, pelo visto, foi confrontado com a decisão de continuar a viver do mesmo jeito ou fazer um começo totalmente novo. A Bíblia fala de um êxodo triplo. Abraão deve sair de sua terra, de sua parentela e da casa do seu pai (Gn 12,1ss.). Os monges entenderam esse êxodo de três maneiras:

Abraão deve deixar todas as dependências e todos os vínculos, todos os hábitos. A situação de trabalho se torna um hábito para nós no curso dos anos. Nela nos sentimos abrigados e em casa. Mas agora temos de deixar o habitual para trás. Isso dá medo. Por essa razão, com o seu êxodo Abraão é o protótipo da pessoa de fé. Só consigo largar tudo quando confio que Deus me presenteará algo novo.

O segundo êxodo é emigrar dos sentimentos do passado. Há aposentados que ficam o tempo todo falando do seu trabalho, daquilo que realizaram e do valor que tinham na empresa. Eles vivem só no passado. Com isso eles se bloqueiam. Não estão abertos para o momento. Alguns falam só dos traumas que tiveram, seja dos traumas da infância seja das ofensas que sofreram em sua atividade profissional. Devemos deixar para trás também esses sentimentos, para sermos capazes de viver inteiramente o momento presente. Podemos perfeitamente recordar com gratidão o que fizemos em nosso trabalho. Mas não podemos nos apegar a esses sentimentos do passado.

O terceiro êxodo se refere a emigrar do que é visível. O mundo do trabalho foi concreto, ele foi visível. Nele, pudemos ostentar algo. Agora devemos emigrar rumo a algo que é invisível: rumo ao mistério da nossa pessoa e rumo ao mistério do Deus invisível e incompreensível. Carl Gustav Jung acha que só sobreviverá quem se puser a caminho do mistério incompreensível de Deus, quem estiver aberto para o transcendente, para aquilo que não podemos fazer nem fabricar nem organizar.

Com o êxodo de Abraão, a Bíblia nos mostra, portanto, como também para nós o êxodo do mundo do trabalho para o mundo da aposentadoria pode ser bem-sucedido. Trata-se, em última análise, de um desafio espiritual. Largo muita coisa que praticamente cresceu junto comigo, que perfez o que sou. Largo os papéis que desempenhei. Largo as coisas a que me apeguei e a partir das quais me defini. E me ponho a caminho do meu eu verdadeiro, do mistério íntimo da minha pessoa e de Deus, que é o Deus sempre novo e incompreensível. No meu trabalho, encontrei muita coisa que constituiu o que sou. Agora me ponho a caminho para recomeçar a busca. Isso passa a ser a missão da minha vida: ser alguém que busca e que pergunta. Isso me mantém vivo. Sou curioso, quero questionar tudo e cada vez mais olhar atrás dos bastidores, para intuir algo do mistério do ser humano e do mistério de Deus.

Houve no monaquismo o movimento dos monges itinerantes que sempre seguiam adiante para emigrar do mundo e caminhar na direção de Cristo. São Bento prefere monges que fazem voto de "*stabilitas*", de estabilidade. Mas ele assume o ideal dos monges itinerantes. Para ele, a verdadeira peregrinação, a verdadeira emigração é ficar calado. Ao ficarmos calados, emigramos do mundo do falatório, do mundo em que valemos algo, em que somos o assunto do dia. E São Bento entende a vida do monge como jornada permanente em que ele prossegue sem parar na direção de Deus:

> Eis que pela sua piedade nos mostra o Senhor o caminho da vida. Cingidos, pois, os rins com a fé e a observância das boas ações, guiados pelo Evangelho, trilhemos os seus caminhos para que mereçamos ver

aquele que nos chamou para o seu reino (RB, Prólogo, 20-21).

Portanto, jamais devemos ficar parados, descansar em cima do que conseguimos alcançar. O monge é alguém que prossegue sempre no caminho para Deus. Alguém que passa a vida toda em busca de Deus, que jamais pensa estar de posse de Deus. Esse movimento interior exige que ele constantemente largue tudo que conseguiu, que largue também velhas experiências, para dedicar-se ao novo. E esse novo, no fundo, é sempre Deus, que desponta como aquele que sempre é outro e novo em nossa jornada.

Uma nova identidade depois da aposentadoria

A transição da atividade profissional para a aposentadoria só será bem-sucedida se encontrarmos uma nova identidade. Até esse momento nos definimos em grande medida por meio do trabalho. Tínhamos nosso valor. Tínhamos um papel claro. Éramos chefe de seção ou engenheiro, diretor de escola ou professora, éramos médico ou terapeuta. Era disso que nos chamavam. Isso constituiu nossa identidade e nos proporcionou autoconfiança. Agora esses papéis se foram. Agora se trata de viver apenas como o homem ou a mulher que sou, sem poder me definir pelo meu trabalho. Isso requer uma despedida dolorosa de papéis antigos e da minha velha identidade. Tenho de encontrar uma nova identidade. Tenho de descobrir quem sou como esse ser humano singular. Já não vale mais o que realizei, mas quem sou. Não se trata mais do fazer, mas do ser.

A Bíblia conta, a título de exemplo, como pessoas que prestaram serviços relevantes para o povo, por fim deixam o cargo e têm de encontrar uma nova identidade. Temos aí Moisés, que guiou o povo de Israel para fora do Egito. Repetidamente ele teve de pedir o auxílio de Deus quando o povo murmurava e se rebelava contra Deus. Não foi fácil para ele conduzir até a liberdade um povo que teimava em ter saudades das panelas de carne do Egito. Tendo envelhecido, Moisés compareceu diante do povo e disse:

> Tenho hoje cento e vinte anos e não consigo mais ir à guerra. Além do mais, o Senhor me disse que eu não atravessaria o Jordão (Dt 31,2).

Então, ele chamou Josué e

> lhe disse diante de todo Israel: "Sê forte e corajoso, pois tu farás entrar este povo na terra que o Senhor jurou dar a seus pais" (Dt 31,7).

Portanto, Moisés reconhece que não tem mais forças para lutar. Ele abre mão de sua missão de liderar e a transmite ao seu sucessor Josué. Moisés já não é mais o líder. Ele se desincumbiu do seu encargo. Ele conduziu seu povo até a fronteira, mas não tem permissão para entrar pessoalmente na Terra Prometida. Do alto do Monte Nebo ele pode contemplar a terra para a qual deveria conduzir seu povo, mas ele mesmo não mais vivenciará o objetivo da missão de sua vida. Agora ele está sozinho diante de Deus. O que vale dali por diante é sua relação pessoal com Deus, não mais sua missão. E assim ele morre solitário no alto do monte. Os israelitas o sepultam no vale. Mas

> ninguém até hoje sabe onde fica a sepultura (Dt 34,6).

Não haverá, portanto, nenhuma veneração ao herói. Sua sepultura não se tornaria local de peregrinação dos judeus. O que permanece é unicamente a pessoa de Moisés com suas lutas e sua prontidão para colocar-se à disposição de Deus.

Isso é um desafio para nós: o que queremos que permaneça de nós? Naturalmente realizamos alguma coisa na empresa. Talvez muita coisa do que fizemos permaneça. No entanto, o tempo passa por cima do nosso trabalho. As relações econômicas se modificam. Talvez nossos sucessores esqueçam o que realizamos. O mais importante agora é definir que marca de vida eu gostaria de deixar gravada neste mundo, o que as pessoas deverão pensar quando eu tiver morrido. Os edifícios que construí permanecerão. Mas eles também serão reformados e se modificarão. O que realmente permanece é a impressão deixada por uma pessoa que viveu, que falou com outros, que se empenhou de coração pelos outros. Nosso irmão Balduíno, na condição de mestre de obras, construiu todos os edifícios erguidos no mosteiro depois da guerra. Ele fez isso cheio de entusiasmo e também com grande competência técnica. Depois de se despedir do seu ofício com 82 anos de idade, ele viveu entre nós mais 14 anos como confrade sempre solícito, franco e grato. E ele nos fascinou com sua fidelidade ao ofício divino e seu interesse pela vida espiritual. Ele leu livros espirituais e contribuiu em diálogos espirituais com sua experiência pessoal. Então ele não era mais o mestre de obras, mas um confrade sensível e amoroso. Como tal ele permanece em nossa lembrança depois de falecer serenamente com 96 anos de idade.

A aposentadoria me desafia a perguntar qual será o meu legado como ser humano. O que constitui a minha verdadeira identidade? O que é esse ser humano que realizou muitas coisas? O que me motivou? O que se passa em mim agora que estou sozinho sem meu papel no trabalho? O que eu gostaria de irradiar? Que marca de vida eu gostaria de deixar impressa neste mundo? Antes de morrer, Moisés abençoou seu povo. É disso que se trata também na velhice: que eu abençoe as pessoas e lhes diga coisas boas. Justamente por largar meu trabalho me torno uma bênção para outros. As pessoas percebem, então, que sou mais do que a minha realização. Moisés permanece na memória do povo como um homem que se engajou por seu povo, que lutou com Deus, que também podia ficar enfurecido e mostrar a sua decepção quando o povo uma vez mais se rebelou contra ele. O Livro dos Números descreve Moisés como uma pessoa muito humilde e mansa,

mais do que qualquer pessoa sobre a terra (Nm 12,3).

Séculos depois de sua morte, o povo ainda se lembrava dessa pessoa mansa que, apesar da sua missão de liderança, sempre permaneceu um ser humano que reuniu dentro de si tudo que havia nele de emoções e paixões e deixou que Deus transformasse tudo. O que quero que as pessoas recordem quando pensam em mim? Qual será a marca que me distingue? É disso que se trata durante a aposentadoria: ser cada vez mais esse ser humano singular do jeito que Deus me criou e imprimir a minha marca pessoal neste mundo.

Para São Bento o que permanece de um verdadeiro monge não é aquilo que ele construiu, trabalhou e criou, mas a pessoa que ele se tornou. Para ele, o que importa é que com a idade o monge se torne cada vez mais aberto e seu coração se dilate cada vez mais. Portanto, o que deve permanecer é o coração dilatado:

> Mas, com o progresso da vida monástica e da fé, dilata-se o coração e com inenarrável doçura de amor é percorrido o caminho dos mandamentos de Deus (RB, Prólogo, 49).

No último trecho da vida, não se trata mais da realização, não mais do que podemos ostentar. Trata-se, muito antes, do coração dilatado e de percorrer o último trecho de nossa vida – como o expressa São Bento – "*inenarrabili dilectionis dulcedine*", "com inenarrável doçura de amor". É isso que ficará para as pessoas com as quais convivemos.

Renovar-se no trabalho voluntário

São justamente as pessoas mais velhas que com frequência se engajam, durante sua aposentadoria, pelos necessitados. Elas se engajam voluntariamente nas paróquias, no cuidado dos enfermos e idosos, em círculos bíblicos e nas obras diacônicas da Igreja. Elas se engajam no auxílio aos exilados, no trabalho com moribundos e projetos missionários. Sem o trabalho voluntário de pessoas mais idosas nossa sociedade seria consideravelmente mais fria. Elas trazem solicitude e amor para dentro da sociedade. Assim, sua vida volta a se tornar fecunda justamente na idade avançada.

Na história da infância de Jesus, o Evangelista Lucas nos fala da fecundidade de pessoas idosas. Zacarias e Isabel ainda têm um filho em idade avançada. Casais idosos podem descobrir uma nova fecundidade. Se envelhecerem bem juntos, eles serão uma bênção para o seu entorno. E serão uma bênção sobretudo para as netas e os netos. Cuidando das netas e dos netos, eles adquirem uma nova fecundidade. Junto de seus avós, os netos e as netas sentem-se compreendidos, protegidos, aceitos e amados incondicionalmente. E os avós os introduzem na tradição da família e na fé que a sustenta. No entanto, Lucas cita uma condição para que pessoas idosas se tornem fecundas. Zacarias precisa primeiro ficar calado durante nove meses. Ele precisa desvincular-se das concepções que tem de sua mulher – de que ela é velha e estéril –, para que o novo possa ser gestado nela e também para ele. É preciso desvincular-se das velhas imagens que temos de nossa vida, para que possa crescer dentro de nós o novo de que Deus nos julga capazes.

Lucas igualmente nos conta a respeito de duas pessoas idosas que, após o nascimento de Jesus, têm uma missão importante para com o pai e a mãe de Jesus, e também para conosco, leitoras e leitores do Evangelho. O velho Simeão e a velha Profetisa Ana reconhecem a natureza da criança. Simeão louva a Deus porque seus olhos viram a salvação que Deus preparou para todos os povos,

> a luz para iluminação das nações e para a glória do teu povo, Israel (Lc 2,32).

Simeão reconhece que Jesus não é importante só para o seu povo, que Ele traz sim resplendor e beleza para o seu povo, ao falar de Deus em outros termos, e restaura a beleza original nas pessoas. Mas essa criança também será uma luz que ilumina os pagãos, que deixará o mundo inteiro mais iluminado. E Ele é a luz que ilumina tudo o que há de pagão em mim. Por meio do seu amor, essa luz torna familiar tudo o que é estranho a mim mesmo, de modo que não me parece mais obscuro, mas como algo que faz parte de mim, que sou capaz de entender e desse modo se converte em luz. E lá está Ana, a mulher que vivenciou tudo que é possível a um ser humano. Ela foi virgem, depois casada e agora é viúva. Pois ela permanece o tempo todo no Templo, louvando a Deus. Quando Maria e José apresentam a criança no Templo, ela fala às pessoas sobre essa criança. Ela satisfaz o anseio das pessoas por redenção, libertação e cura de suas feridas.

Aquelas duas pessoas idosas explicitam sua fecundidade reconhecendo o mistério da criança chamada Jesus. Sua sabedoria redunda em bênção para as demais pessoas. A fecundidade de pessoas idosas pode, portanto, consistir nestas duas coisas: no engajamento concreto por outras pessoas, em muitos tipos de ajuda que proporcionam a outros, mas também em uma nova visão das coisas. Pessoas idosas olham com outros olhos para os seres humanos e para o mundo. Seus olhos se tornaram sábios e enxergam mais fundo. Elas identificam nas pessoas jovens os dons e as tarefas de que estão imbuídas. E com sua sabedoria trazem claridade ao mundo. Elas não fazem coro com a lamúria de muitos dizendo que tudo vai de mal a pior. Elas sempre identificam no mundo como ele é também a esperança de uma nova salvação, de uma luz que ilumina tudo, de pessoas que resolvem problemas e curam feridas.

Simeão e Ana estavam reconciliados com sua vida. Eles passavam muito tempo no Templo onde oravam por outras pessoas. Sua vida era fecunda porque ainda faziam o que estava ao seu alcance: orar pelos outros, tornar-se fonte de esperança para outros e iluminar a vida de outros. Eles não tinham a sensação de não mais servirem para nada. Porém, eles próprios reconhecem sua missão: orar por outros e se reconciliar com a própria vida, para assim trazer reconciliação e esperança ao mundo. Quando as pessoas idosas só giram em torno de si mesmas, quando se sentem sozinhas por não se encontrarem mais no centro das atenções, elas tendem a se tornar um peso para seu entorno. Mas quando, por meio da oração, se tornam sensíveis para com as pessoas, elas são uma bênção para muitos. Assim podemos confiar que nós também, em nossa velhice, seremos uma bênção para a sociedade. Porém, a exemplo de Simeão e Ana, temos de nos libertar de girar em torno de nós mesmos e percorrer com eles uma via espiritual, para que de nós possa vir bênção.

São Bento escreve em sua Regra a respeito de irmãos mais velhos e sábios que têm uma missão importante na comunidade. Quando um irmão é difícil e foi excluído da comunidade devido a algumas transgressões, o abade deve enviar a ele irmãos mais velhos e sábios:

> O abade deve enviar *simpectas*, isto é, irmãos mais velhos e sábios que, em particular, consolem o irmão vacilante e o induzam a uma humilde satisfação, o consolem "para não definhar por excesso de tristeza" (RB 27,2-3).

Irmãos mais velhos que se tornaram sábios percorrendo uma via espiritual muitas vezes conseguem consolar o irmão difícil melhor do que o próprio abade, que sempre é também pessoa investida de autoridade. A palavra latina para consolar, "*consolari*", significa que o irmão idoso adentra a solidão do irmão excluído e fica ali com ele, junto dele, para que ele volte a si. O irmão mais velho não deve moralizar, mas consolar. Esta é uma missão importante de pessoas idosas: dar consolo a outros porque elas têm a coragem de entrar no desespero, na escuridão e aflição de outras pessoas e suportá-los, visto que elas próprias já vivenciaram muitas coisas e assim se tornaram sábias.

Fontes citadas

Bíblia Sagrada. 51. ed. Petrópolis: Vozes, 2012.

A Regra de São Bento. Tradução de Dom João Evangelista Enout, OSB [disponível em http://www.asg.org.br/imagens/Regra_de_ao_Bento.pdf].

CULTURAL

Administração
Antropologia
Biografias
Comunicação
Dinâmicas e Jogos
Ecologia e Meio Ambiente
Educação e Pedagogia
Filosofia
História
Letras e Literatura
Obras de referência
Política
Psicologia
Saúde e Nutrição
Serviço Social e Trabalho
Sociologia

CATEQUÉTICO PASTORAL

Catequese
  Geral
  Crisma
  Primeira Eucaristia

Pastoral
  Geral
  Sacramental
  Familiar
  Social
  Ensino Religioso Escolar

TEOLÓGICO ESPIRITUAL

Biografias
Devocionários
Espiritualidade e Mística
Espiritualidade Mariana
Franciscanismo
Autoconhecimento
Liturgia
Obras de referência
Sagrada Escritura e Livros Apócrifos

Teologia
  Bíblica
  Histórica
  Prática
  Sistemática

REVISTAS

Concilium
Estudos Bíblicos
Grande Sinal
REB (Revista Eclesiástica Brasileira)

VOZES NOBILIS

Uma linha editorial especial, com importantes autores, alto valor agregado e qualidade superior.

VOZES DE BOLSO

Obras clássicas de Ciências Humanas em formato de bolso.

PRODUTOS SAZONAIS

Folhinha do Sagrado Coração de Jesus
Calendário de mesa do Sagrado Coração de Jesus
Agenda do Sagrado Coração de Jesus
Almanaque Santo Antônio
Agendinha
Diário Vozes
Meditações para o dia a dia
Encontro diário com Deus
Guia Litúrgico

CADASTRE-SE
www.vozes.com.br

EDITORA VOZES LTDA.
Rua Frei Luís, 100 – Centro – Cep 25689-900 – Petrópolis, RJ
Tel.: (24) 2233-9000 – Fax: (24) 2231-4676 – E-mail: vendas@vozes.com.br

UNIDADES NO BRASIL: Belo Horizonte, MG – Brasília, DF – Campinas, SP – Cuiabá, MT
Curitiba, PR – Fortaleza, CE – Goiânia, GO – Juiz de Fora, MG
Manaus, AM – Petrópolis, RJ – Porto Alegre, RS – Recife, PE – Rio de Janeiro, RJ
Salvador, BA – São Paulo, SP